LICENCES ET ABUS DE L'ART, CONCERNANT L'APLICATION DES PI-
LASTRES ET DES COLONNES DANS LA DÉCORATION DES BATIMENS.

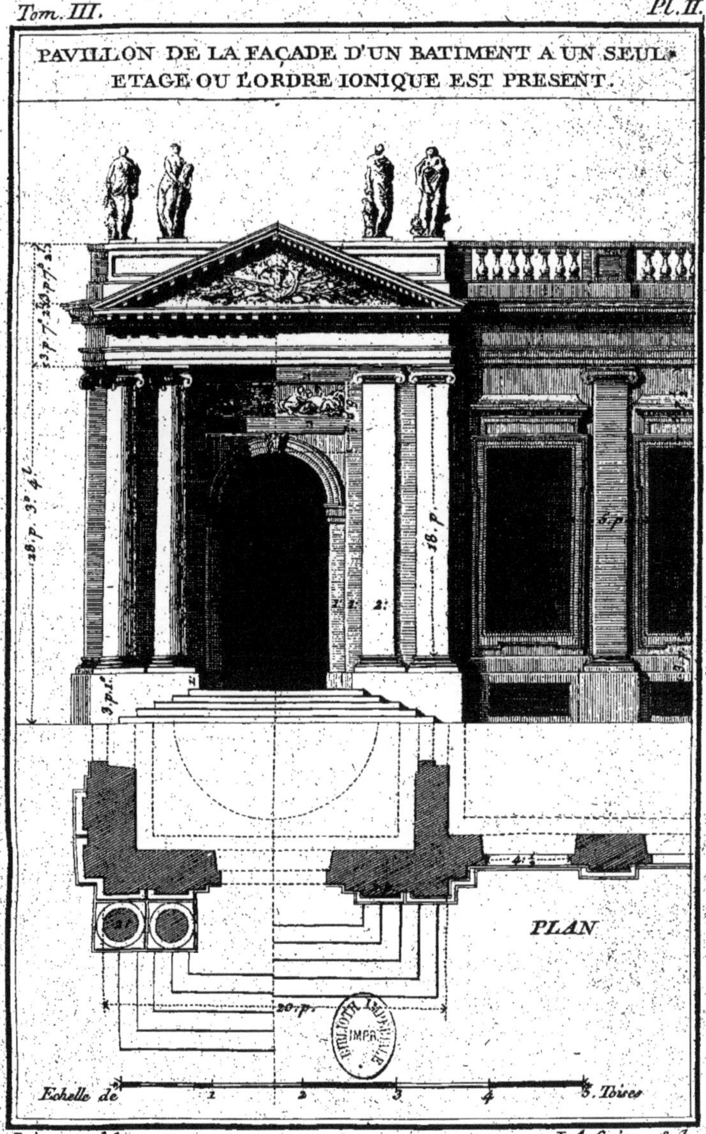

Raincourt del.   J. A. Croisey Sculp.

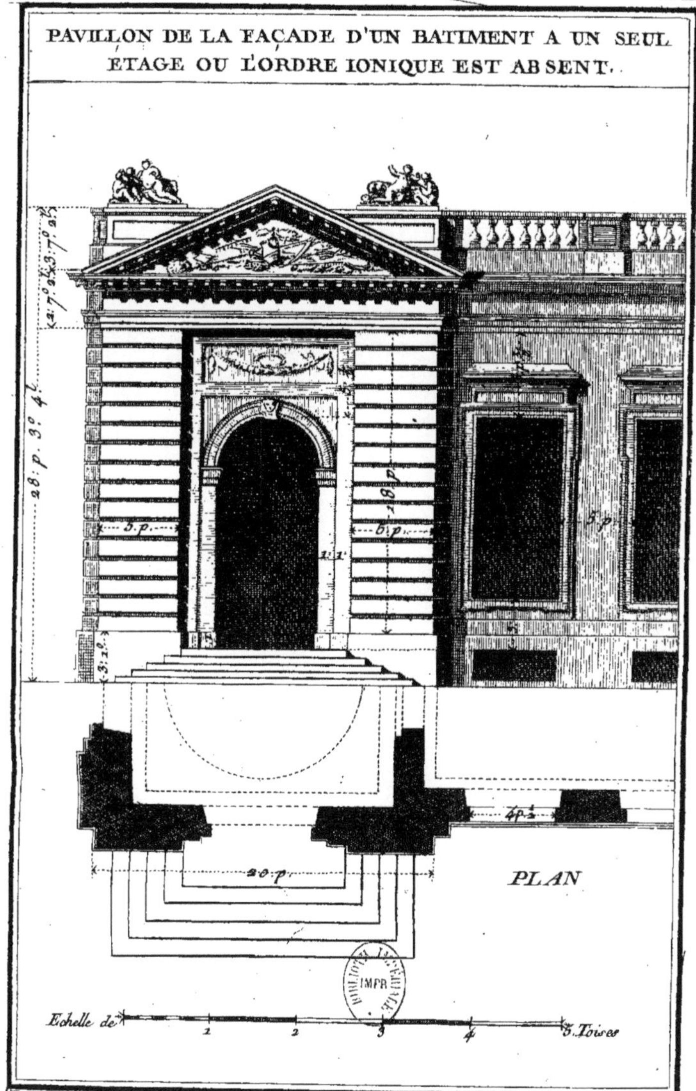

Raincourt del.   J. A. Croisey Sculp.

AVANT CORPS DE L'UNE DES FAÇADES DE L'INTERIEUR DE LA COUR DU VIEUX
LOUVRE, DU COTE DE LA RUE FROMENTEAU.

Gardette del.   de la Gardette Sculp.

Six del.
N. Ransonnette Sculp.

AVANT CORPS DE LA FAÇADE DU PERISTYLE DU LOUVRE.
Echelle de
5 Toises
N. Ransonnette del.
N. Ransonnette Sculp.

Pl. VII.
PROJET PROPOSÉ POUR LE GRAND AVANT CORPS DU PERISTYLE DU LOUVRE. 
Echelle de
N. Ransonnette Sculp.

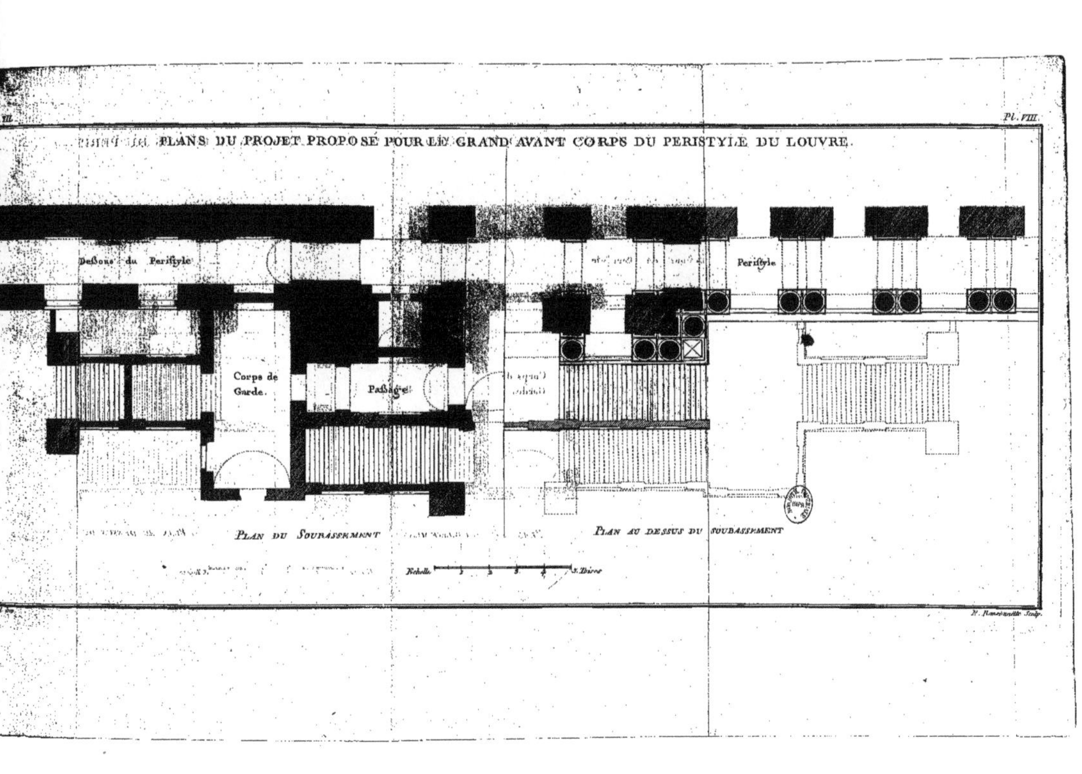
PLANS DU PROJET PROPOSÉ POUR LE GRAND AVANT CORPS DU PERISTYLE DU LOUVRE.
Dessous du Periftyle
Periftyle
Corps de Garde.
Paffage
PLAN DU SOUBASSEMENT
PLAN AU DESSUS DU SOUBASSEMENT
Echelle

AVANT CORPS DE LA FAÇADE DES THUILERIES DU
COTÉ DU JARDIN.
Echelle de 1 2 3 4 5 8. Toises
Sellier del. et Sculp.

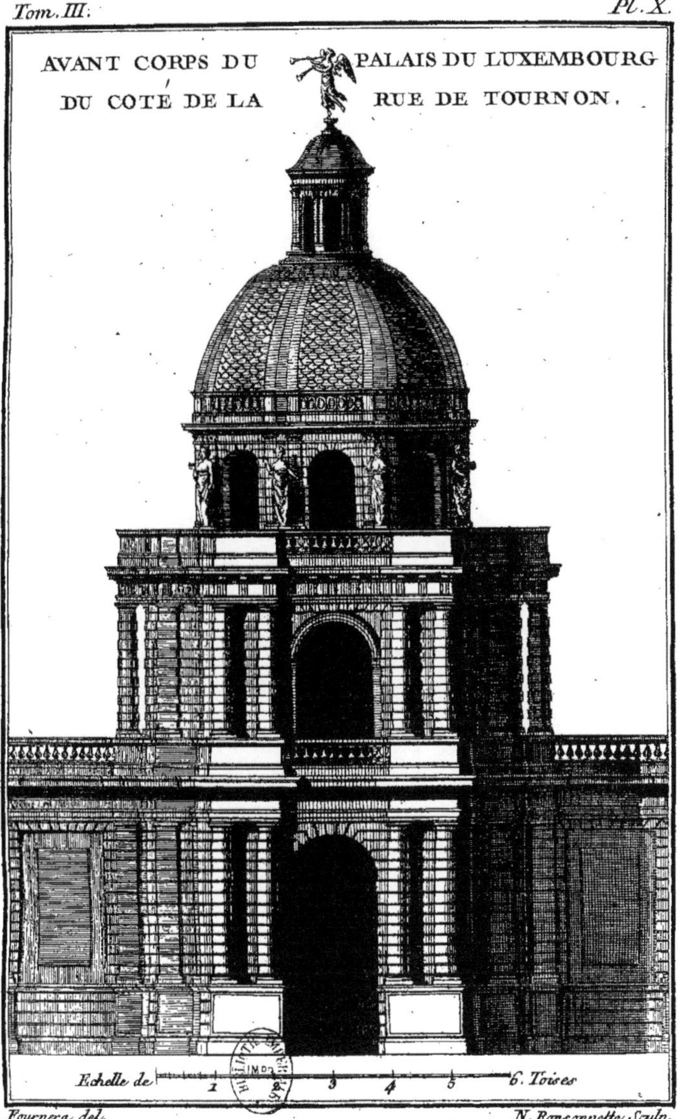

Fournera del.   N. Ransonnette Sculp.

AVANT CORPS DU PALAIS ARCHIEPISCOPAL DE BOURGES.
Ech.lle de   1   2   3   4   5   6   7   F. Toisas
Plan
Fournera del.   Pelletier Sculp.

AVANT CORPS DU CHAT. DE MAISONS DU COTÉ DES JARDINS
Echelle de   1   2   3   4   5   6. Toises
Six. del.
N. Ransonnette Sculp.

N. Ransonnette del.

N. Ransonnette Sculp.

Bouvet del.   Boutrois Sculp.

N. Ransonnette del   N. Ransonnette Sculp.

AVANT CORPS DE LHOTEL DE SOUBISE DU COTÉ DE LA COUR.
P.L. Cor del.
P.L. Cor Sculp.

PAVILLON D'UNE DES EXTREMITES DE LA FACADE
DE L'HOTEL DE CARNAVALET.
Echelle de
Toises
Fournera del.
Pelletier Sculp.

AVANT CORPS DE LA FAÇADE, DE L'HOTEL DE NOAILLES,
DU COTÉ DU JARDIN.
Michelinot del.   et Sculp.

AVANT CORPS DE L'ANCIEN HÔTEL D'EVREUX DU COTÉ DE LA COUR.

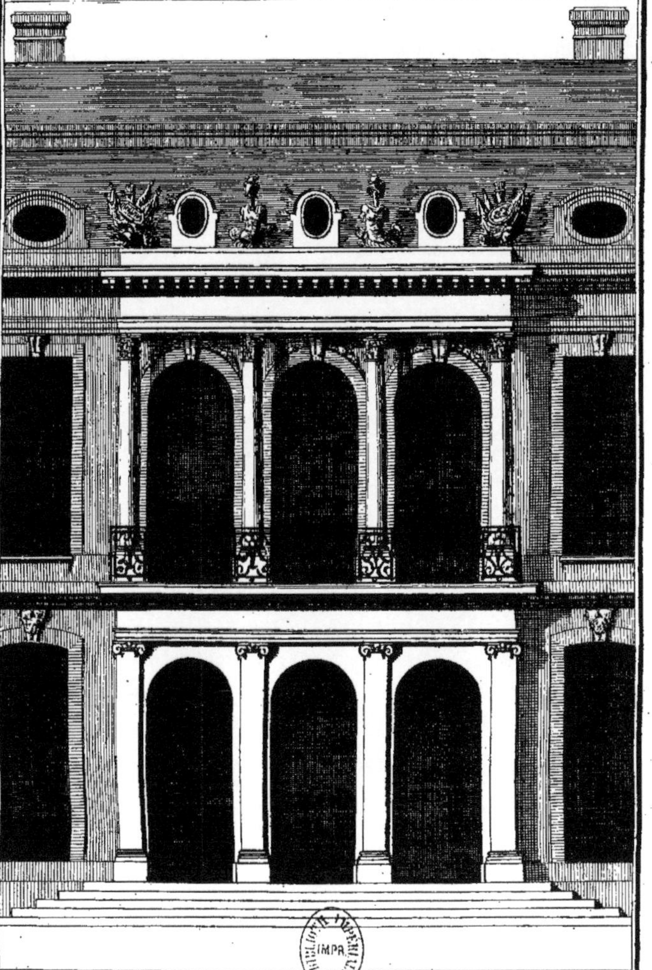

N. Ransonnette del. N. Ransonnette Sculp.

FAÇADE DE LA PORTE DU FAUXBOURG DU PEUPLE A ROME,
DU DESSIN DE MICHEL - ANGE.
Echelle de 1 2 3 4 5 6 Pieds
Sellier del. et Sculp.

PORTE PIE.

Sellier del.
Sellier Sculp.

PORTE DE LA VIGNE DU PATRIARCHE GRIMANI.
Sellier del.
Sellier Sculp.

PORTE DE L'HOTEL DE TOULOUSE.

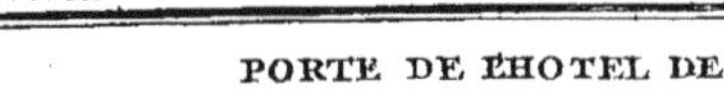

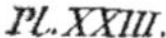

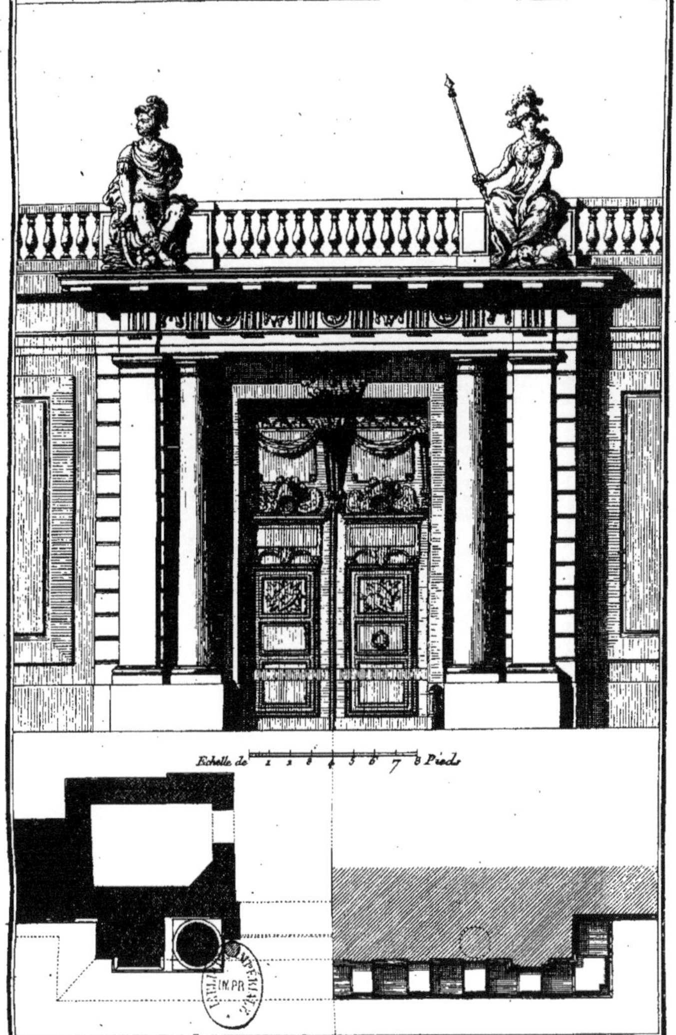

Le Grand del. Michelinot Sculp.

PORTE DE L'HOTEL DE SOUBISE.
Echelle de
1
2
3
4. Toises
Boutrois Sculp.
M.elle Cauchois del.

PORTE DU SEMINAIRE DE BOURGES EXÉCUTÉE SUR LES
DESSINS DE M.R FRANQUE ARCHITECTE DU ROI.
Echelle de   1   2   3   4. Toises
Fournera del.   Croisey Sculp.

PROJET D'UNE PORTE POUR LE PALAIS ARCHIEPISCOPAL
DE CAMBRAY.

Bouchet del.

J. A. Goisey Sculp.

CROISÉE DU I.er ETAGE DU PALAIS DES CONSERVATEURS
A ROME, DU DESSIN DE MICHEL ANGE.
Profil
Plan.
1 2 3 4 5 6 pieds
Sellier del. et Sculp.

CROISEE PUISEE D'APRES LES EDIFICES DE ROME.
Profil.
Plan.
Echelle de   1   2   3   4   5   6 Pieds
Helin del.   P. L. Cor Sculp.

CROISÉE PUISÉE D'APRÈS LES ÉDIFICES DE ROME.
Profil
Plan
Echelle de   1   2   3   4   5   6 Pieds
Helin del.
P. L. Cor Sculp.

CROISÉE PUISÉE D'APRÈS LES ÉDIFICES DE ROME.
Profil
Plan
Echelle de   1   2   3   4   5. Pieds.
Helin del.   P. L. Cor Sculp.

Bouret del.   N. Ransonnette Sculp

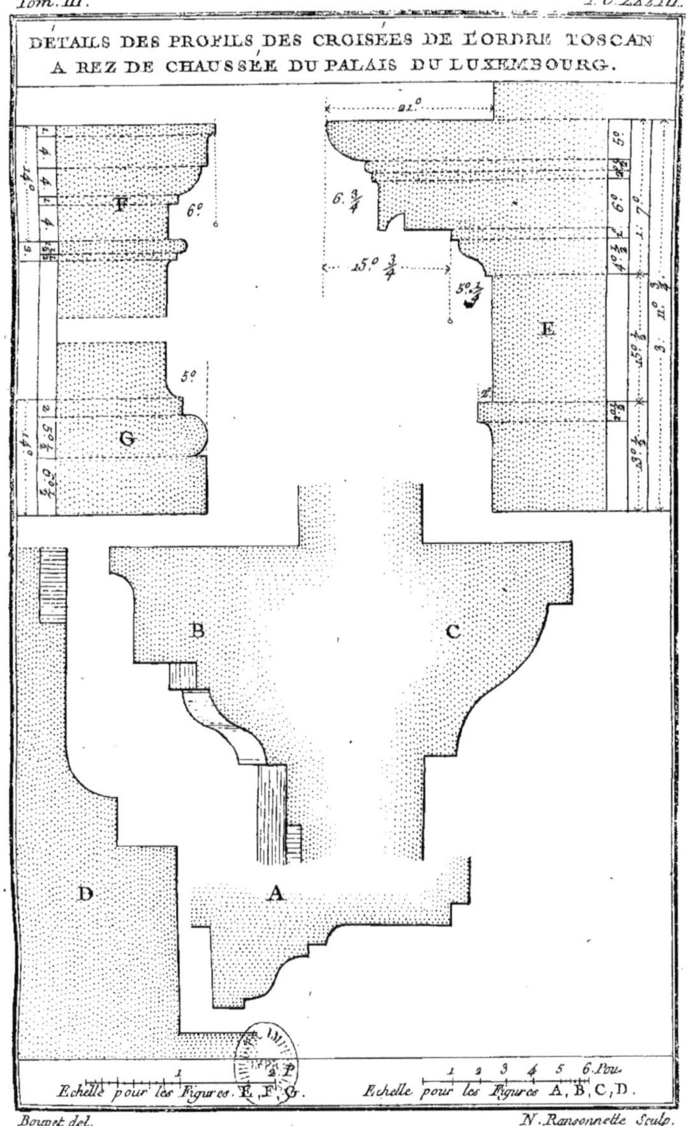

Bouvet del.   N. Ransonnette Sculp.

Bouvet del.   N. Ransonnette Sculp

DÉTAILS DES PROFILS DES CROISÉES DE L'ORDRE DORIQUE,
AU PREMIERE ÉTAGE DU PALAIS DU LUXEMBOURG.

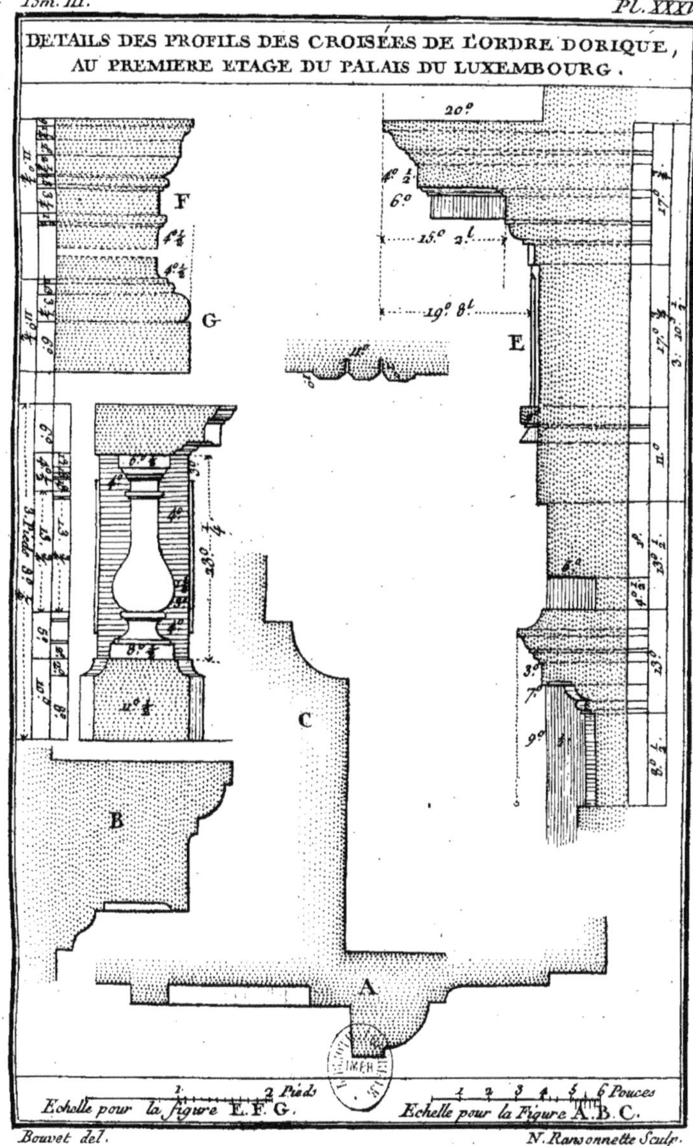

Echelle pour la figure E.F.G.   2 Pieds

Echelle pour la Figure A.B.C.   1 2 3 4 5 6 Pouces

Bouvet del.   N. Ransonnette Sculp.

Tom. III.
Pl. XXXVI.
CROISÉE DU PREMIER ETAGE DE L'UNE DES FAÇADES
DE LA COUR DU VIEUX LOUVRE.
le Roi del.
le Roi Sculp.

DÉVELOPEMENT DES ORNEMENTS D'UNE DES CROISÉES
DU PREMIER ETAGE DE LA COUR DU VIEUX LOUVRE.

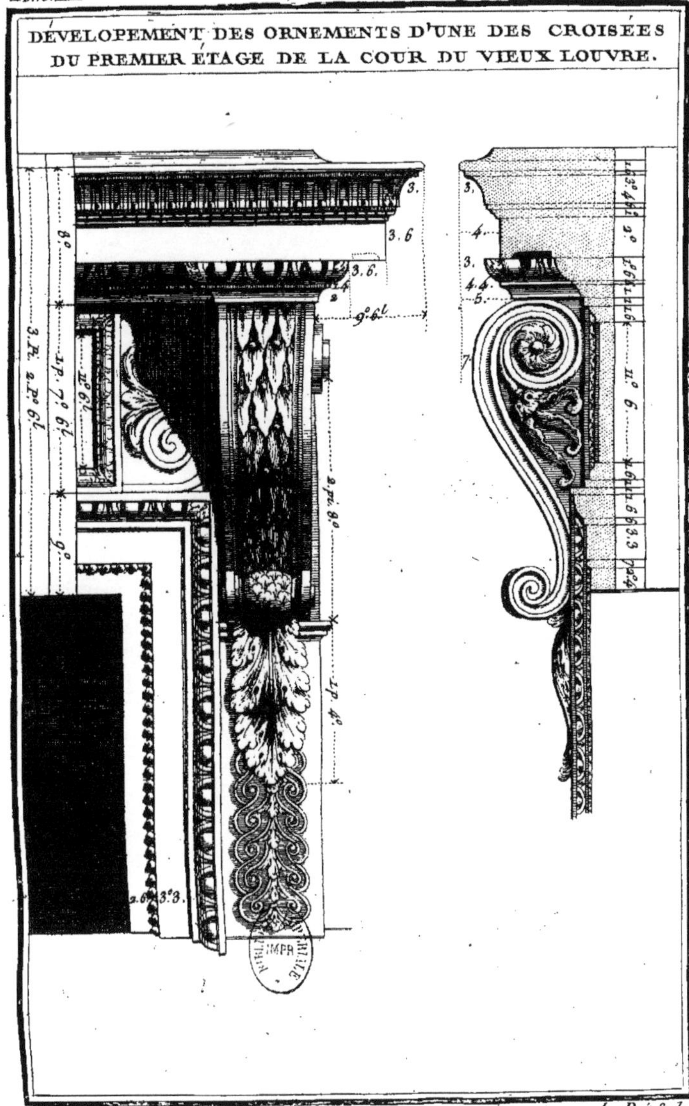

le Roy del.   le Roi Sculp.

le Roy del.

le Roy Sculp.

le Roy del.   le Roy Sculp.

NICHES DE L'INTÉRIEUR DE LA COUR DU VIEUX LOUVRE.

Coutrilly del.   N. Ransonnette Sculp.

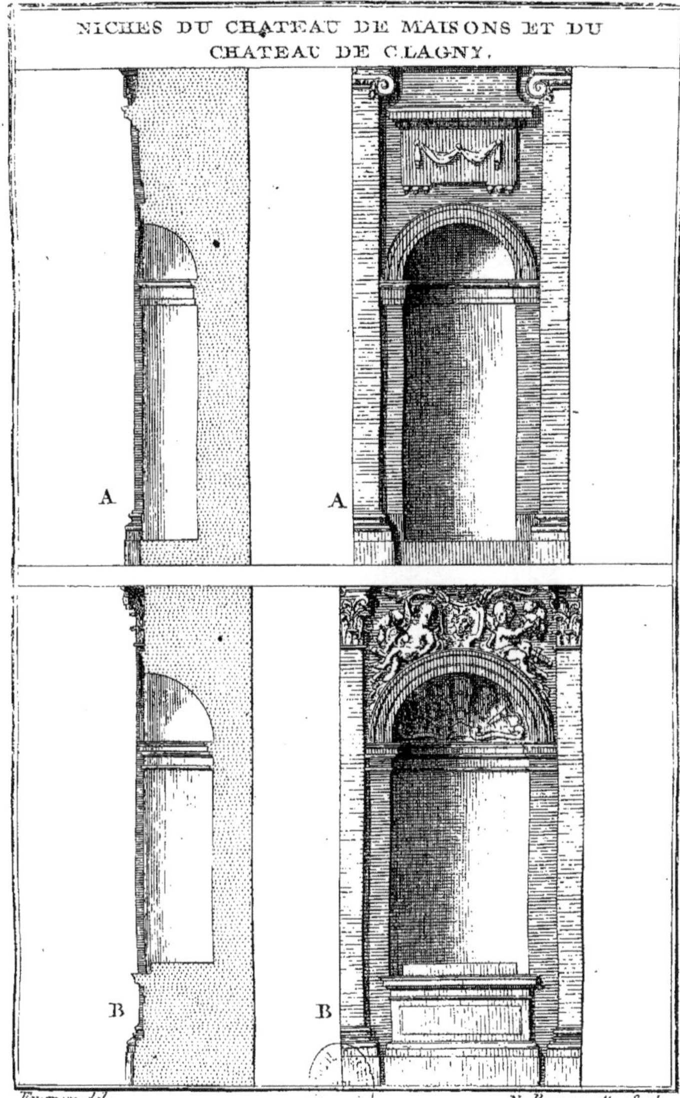
NICHES DU CHATEAU DE MAISONS ET DU
CHATEAU DE CLAGNY.
A
A
B
B
Fournier del.
N. Ransonnette Sculp.

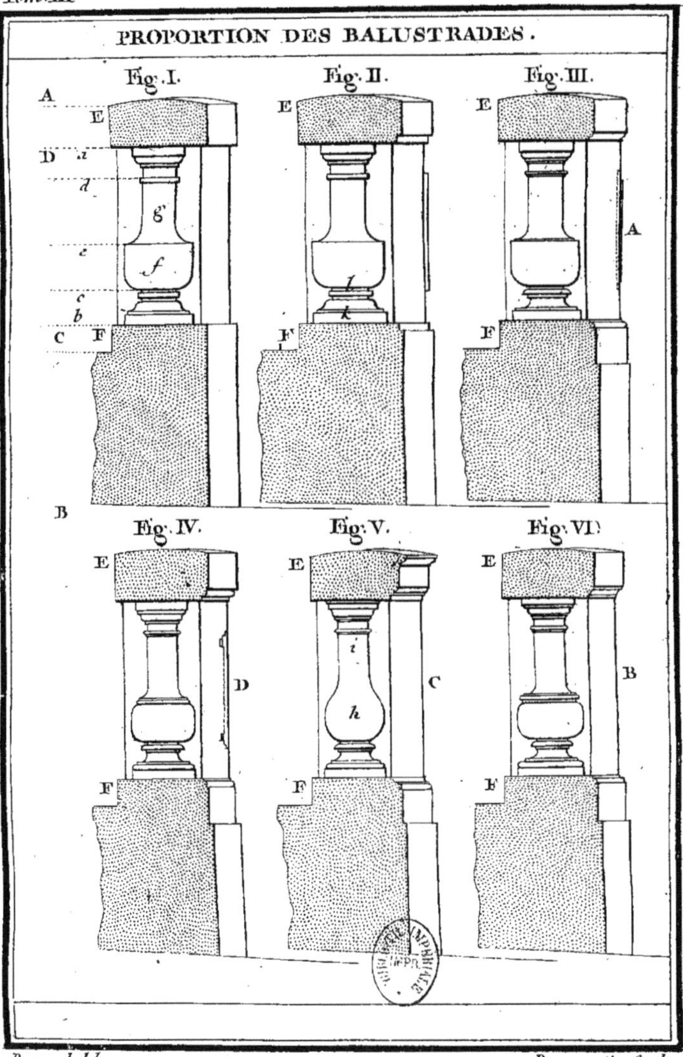

PROPORTION DES BALUSTRADES.
Fig. I.
Fig. II.
Fig. III.
Fig. IV.
Fig. V.
Fig. VI.
A
E
D
d
g
e
f
c
b
C
F
B
E
F
E
l
k
F
E
A
F
E
D
F
E
i
h
C
F
E
B
F

Bernard del.
Ransonnette Sculp.

DIFFERENTS·GENRES DE BALUSTRES

Fig. I.

le Roy del. et Sculp.

DIVERS BALUSTRES ET ENTRELAS.

le Roy del . et Sculp .

PROPORTION DES FRONTONS.

Fig. I.   Fig. II.   Fig. III.

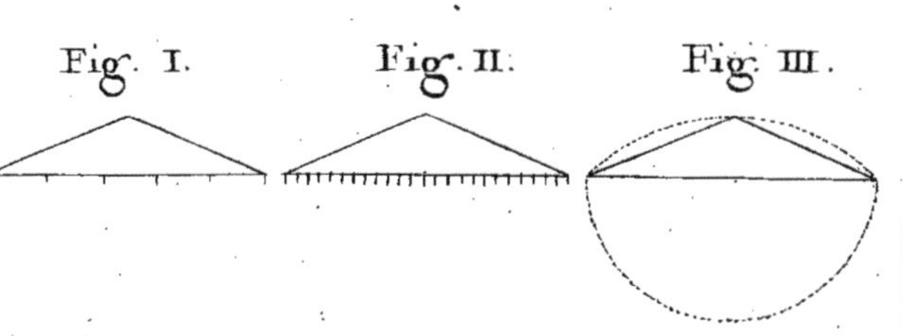

Fig. IV.   Fig. V.   Fig. VI.   Fig. VII.

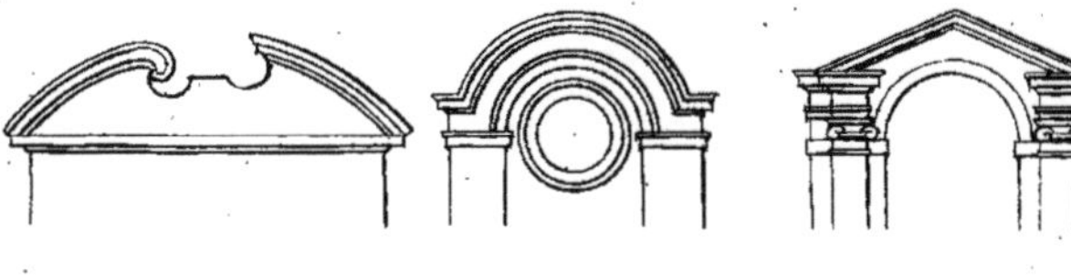

Fig. VIII.

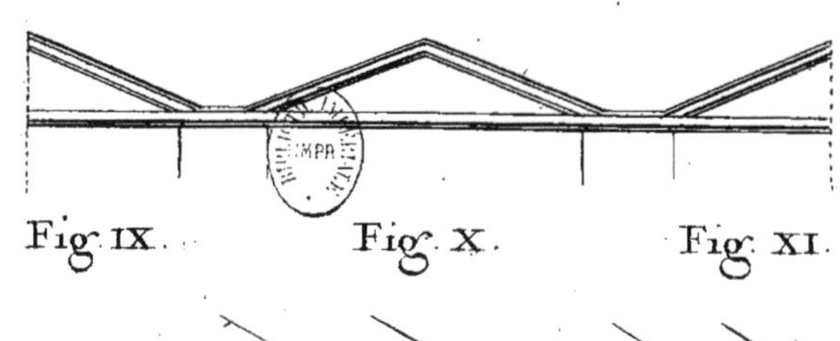

Fig. IX.   Fig. X.   Fig. XI.

Cauchois del. et Sculp.

ORNEMENTS POUR LES TYMPANS DES FRONTONS.

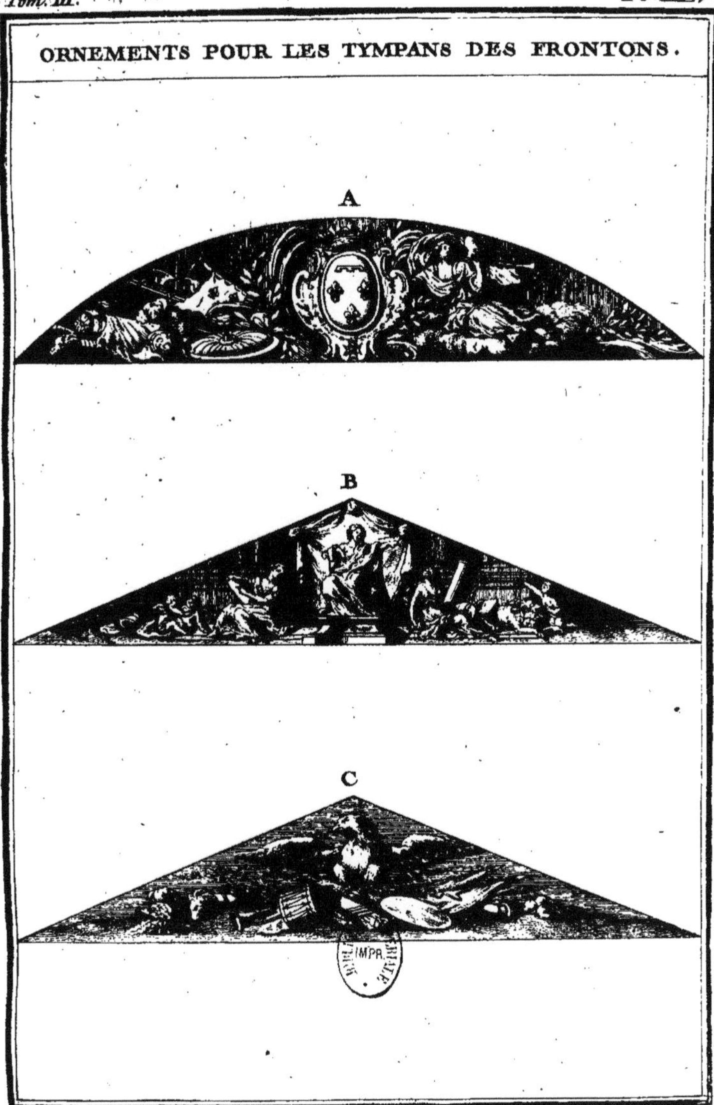

le Roy del.

le Roi Sculp.

ORNEMENTS POUR LES FRONTONS.

AMORTISSEMENTS POUR LA DECORATION DES BATIMENTS

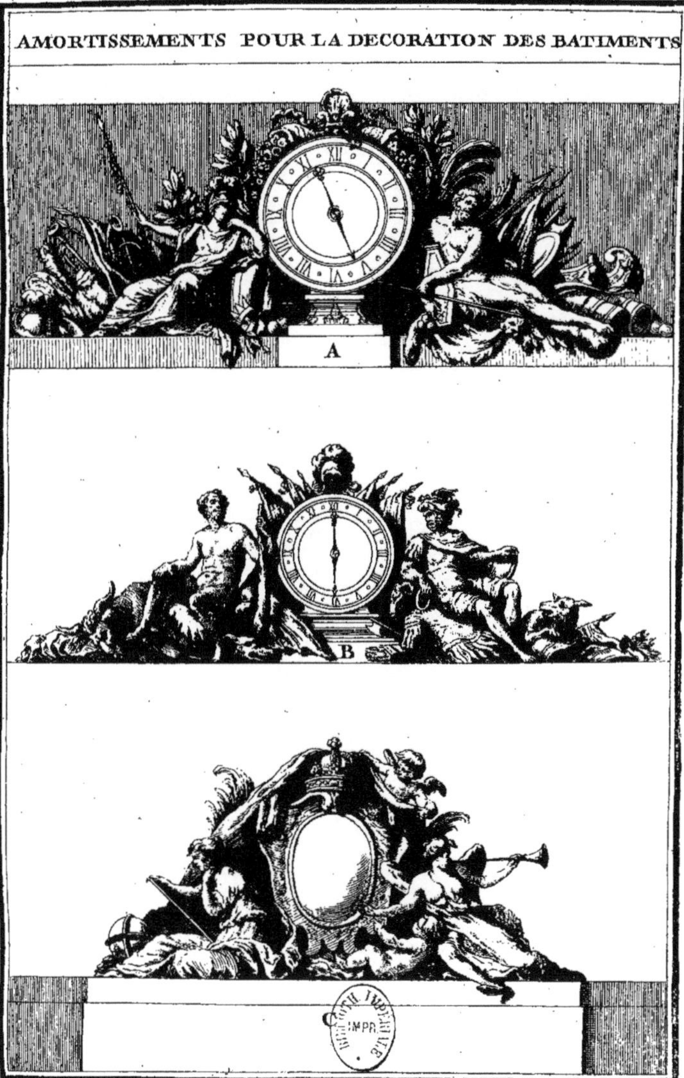

le Roy del.   le Roy Sculp.

Sellier del. et Sculpsit

DIVERS DESSINS D'ENTRECOLONNEMENTS.
A
B
Echelle de 12 Pds et de 9 Modul.
Echelle de 12 Pds et 8 Modules.
Michelinot del.
et Sculp.

DIVERS DESSINS D'ENTRECOLONNEMENTS.
A
B
Echelle de 12. P.ds et de 8. Modules.
Echelle de 12. P.ds et de 8. Modules.
Michelinot del.
et Sculp.

MANIERE DE PARVENIR, A CONNOITRE LA DIFFERENCE QU'ON DOIT OBSERVER DANS LES BÂTIMENS,
ENTRE LES HAUTEURS RÉELES DES CORPS ET LES HAUTEURS, APPARENTES.

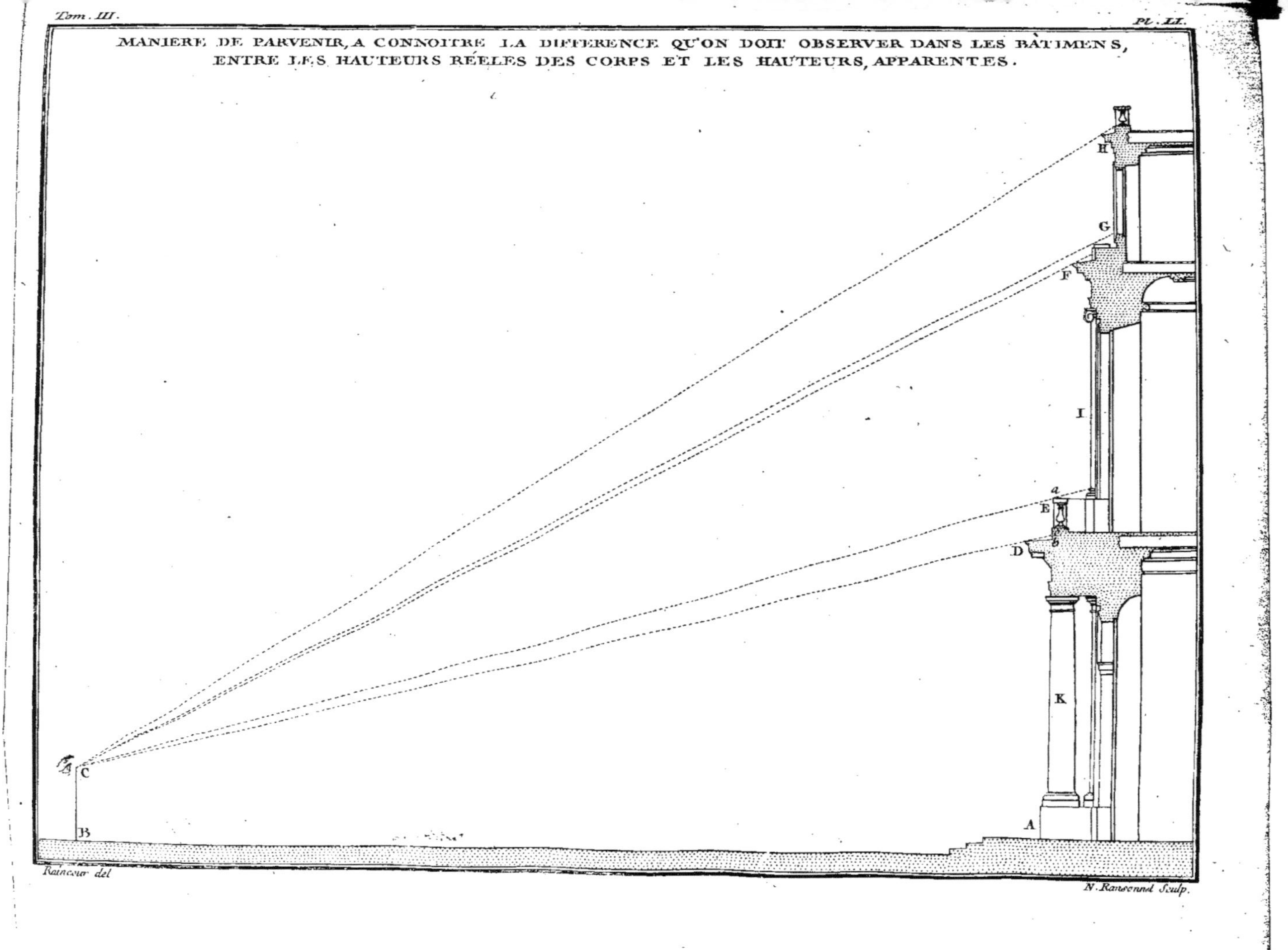

Raincour del.

N. Ransonnet Sculp.

FRONTISPICE DE L'EGLISE DU VAL DE GRACE.
Michelinot del.
et Sculp.

PROJET DU PLAN D'UNE EGLISE CATHEDRALE.

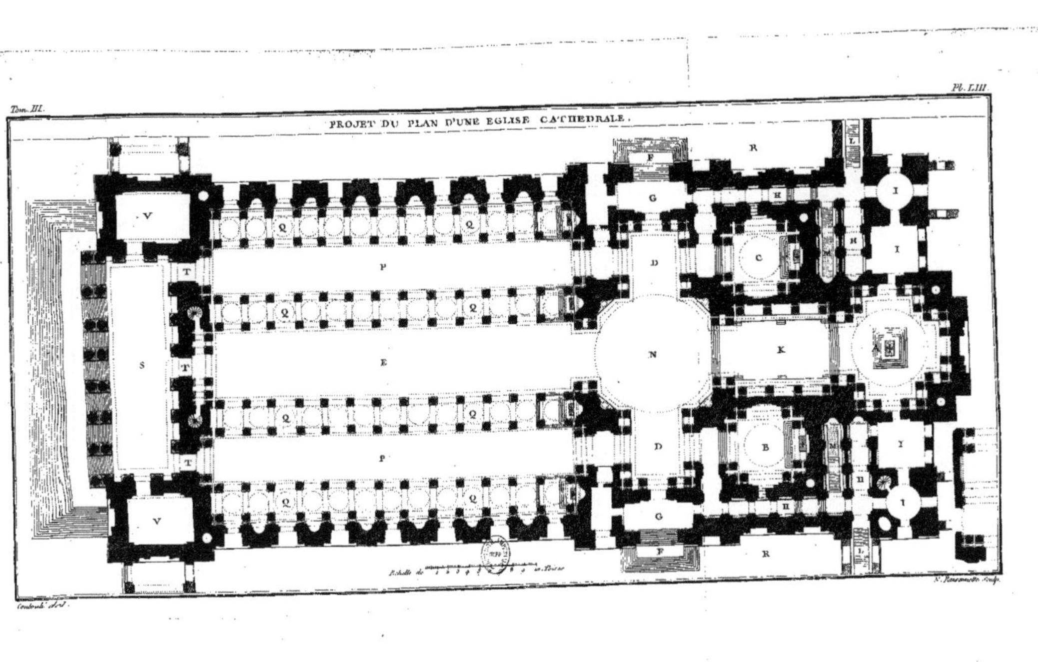

Coutouli del.

N. Ransonnette Sculp.

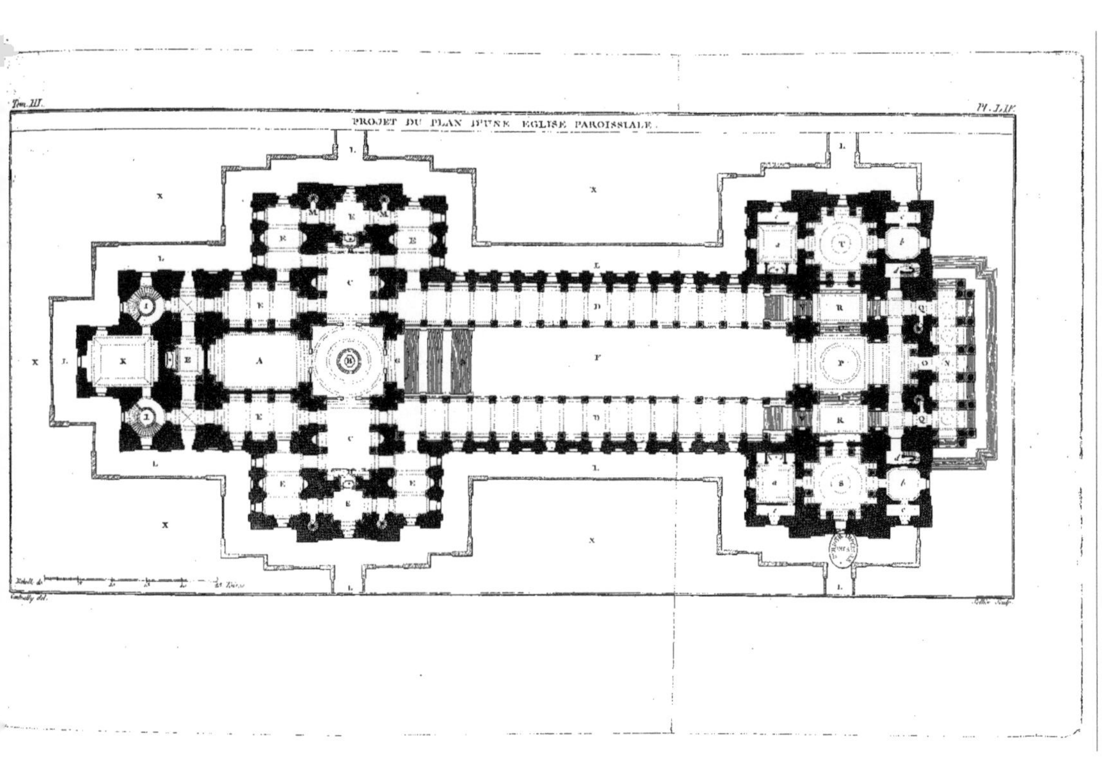

PROJET DU PLAN D'UNE EGLISE PAROISSIALE.

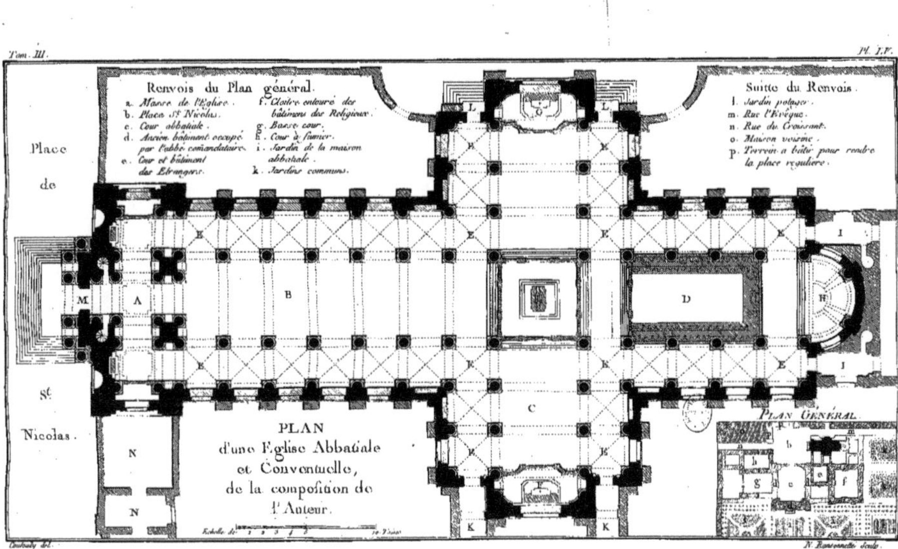

PLAN
d'une Eglise Abbatiale
et Conventuelle,
de la composition de
l'Auteur.

Elévation du Frontispice d'une Eglise conventuelle, de la composition de l'Auteur.

Coutouly del.   N. Ransonnette Sculp.

Deuxieme Elévation du Frontispice d'une Eglise
conventuelle de la ✝ composition de l'Auteur.
Echelle de 1 2 3 4 5 6 7 8 9 10 Thises
Fournera del.
Gorsey Sculp.

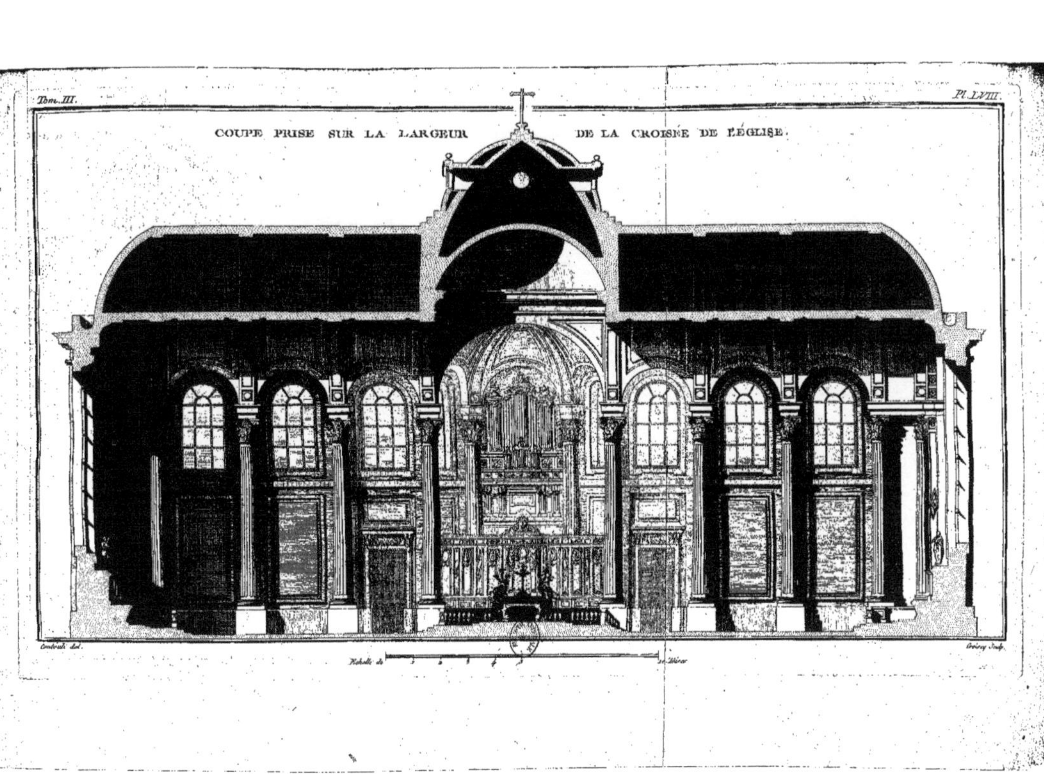

COUPE PRISE SUR LA LARGEUR   DE LA CROISÉE DE L'ÉGLISE.
Combat del.
Echelle de
Toises
Brivey Sculp.

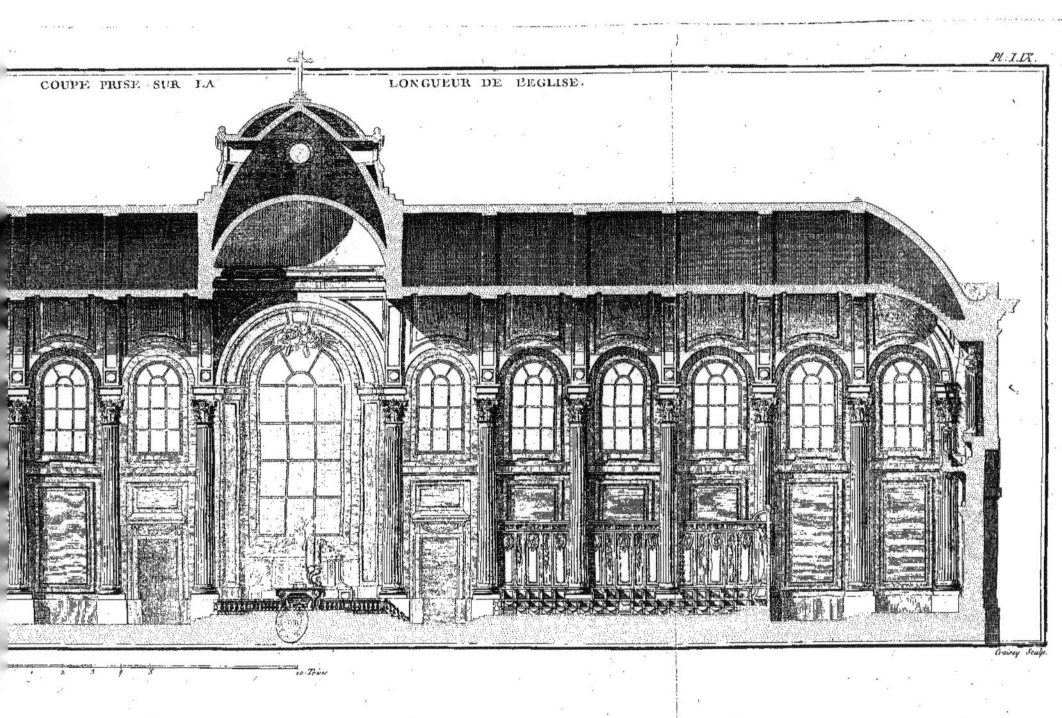
Croisey Sculp.

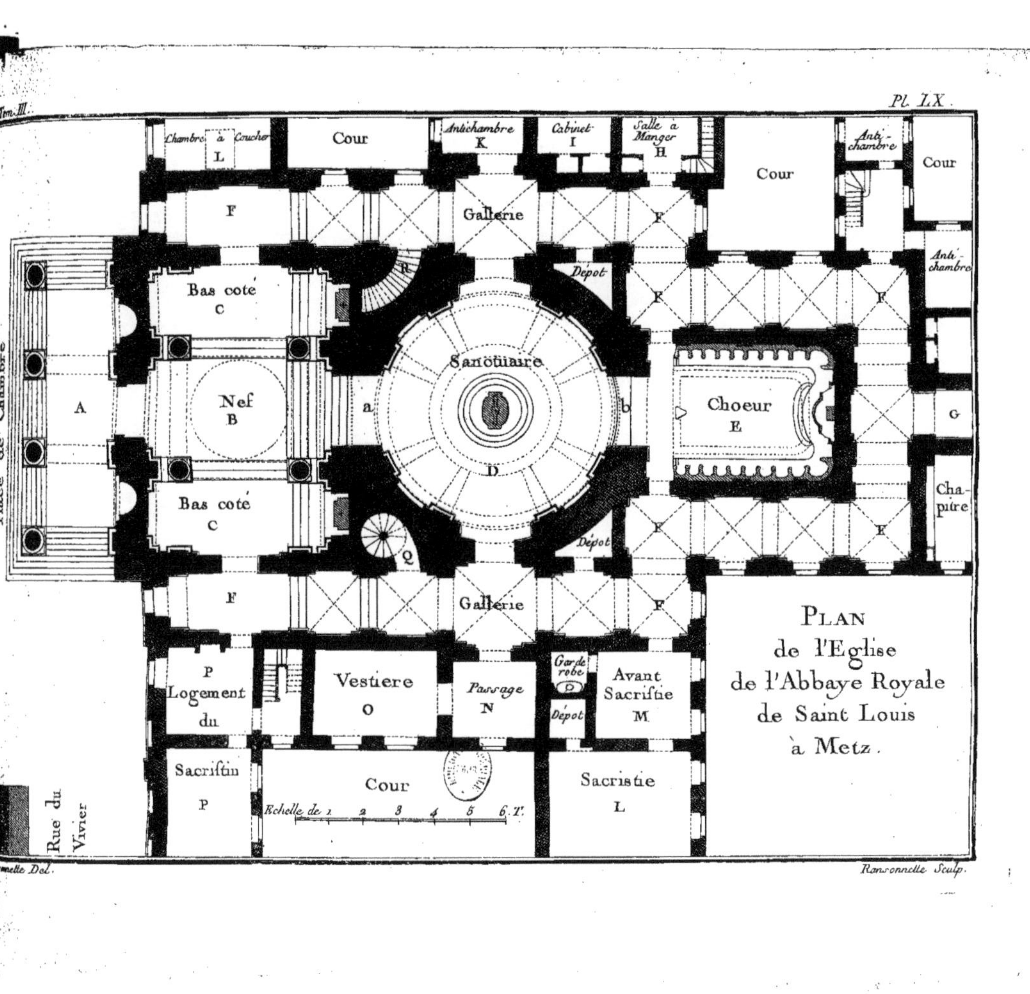

Tom.III.
Pl. LX.
Chambre à Coucher
L
Cour
Antichambre
K
Cabinet
I
Salle à Manger
H
Anti chambre
Cour
GalIerie
F
F
Cour
Place de Chambre
Bas coté
C
Dépot
Anti chambre
A
Nef
B
Sanctuaire
a
b
Choeur
E
G
D
Bas coté
C
Dépot
Cha pitre
F
F
F
Q
GalIerie
F
PLAN
de l'Eglise
de l'Abbaye Royale
de Saint Louis
à Metz.
P
Logement du
Sacristin
P
Vestiere
O
Passage
N
Garde robe
Dépot
Avant Sacristie
M
Rue du Vivier
Cour
Echelle de 1   2   3   4   5   6 T.
Sacristie
L
amette Del.
Ransonnette Sculp.

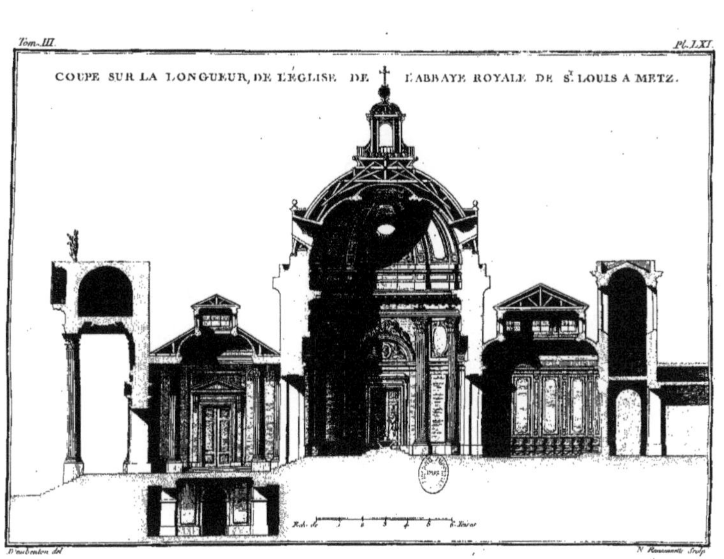
COUPE SUR LA LONGUEUR, DE L'ÉGLISE DE L'ABBAYE ROYALE DE S.t LOUIS A METZ.
D'aubenton del.
N. Ransonnette Sculp.

FAÇADE DU PALAIS DU CARDINAL D'EST, ÉLEVÉ SUR LES DESSINS DE JACQUES DE LA PORTE.

Tom. III.
FAÇADE DU PALAIS DU CARDINAL D'EST, ELEVÉ SUR LES DESSINS DE JACQUES DE LA PORTE.
Pl. LXII.
Sellier del. et Sculp.
Echelle de   10   20   30   40   50. Palmes

FAÇADE DU PALAIS D'ASTI ELEVÉ SUR LES DESSINS DE JEAN ANTOINE DE ROSSI.

Pl. LXIV.
FAÇADE DU PALAIS DU DUC ... ELEVÉ SUR LES ... DE CARLO MADERNO.
Cellier del. et Sculp.
Echelle de   10   20   30   40   50. Palmes.

FAÇADE DU PALAIS CHIGI, ELEVÉ SUR LES DESSINS DU CAVALIER JEAN LAURENT BERNIN.

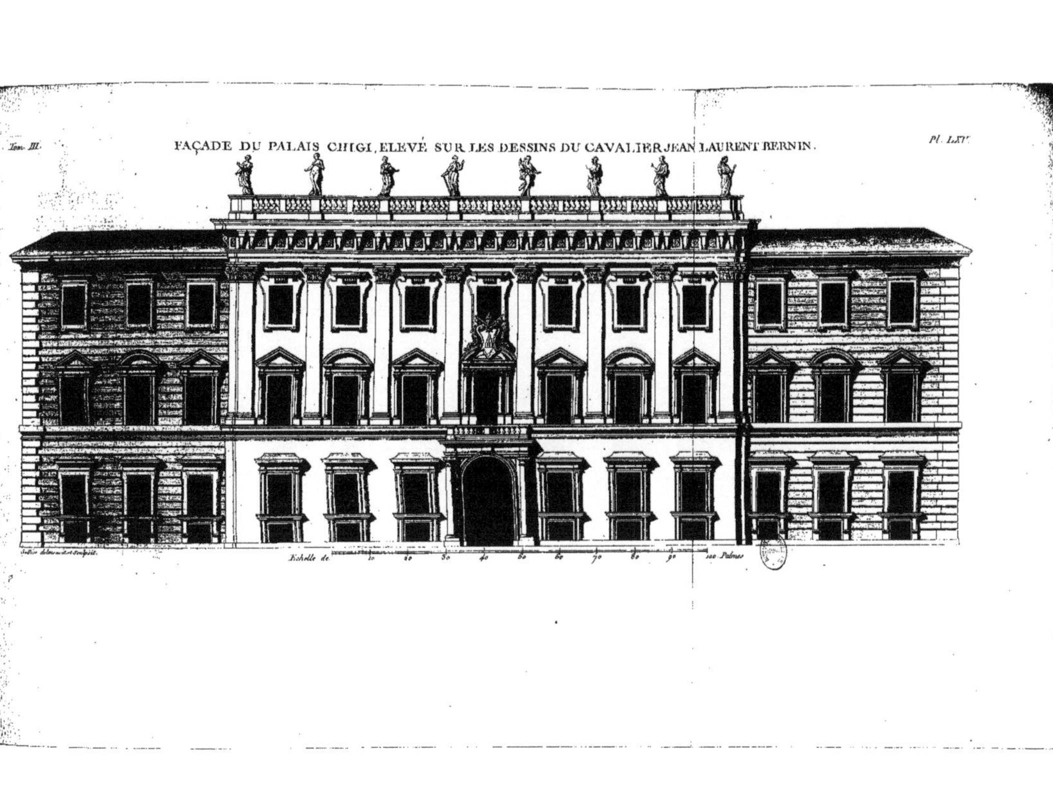

PL. LXVI.
OTÉ DE St. GERMAIN L'AUXERROIS, AVANT QUE LES PROJETS DE CLAUDE PERRAULT FUSSENT ACCEPTÉS.

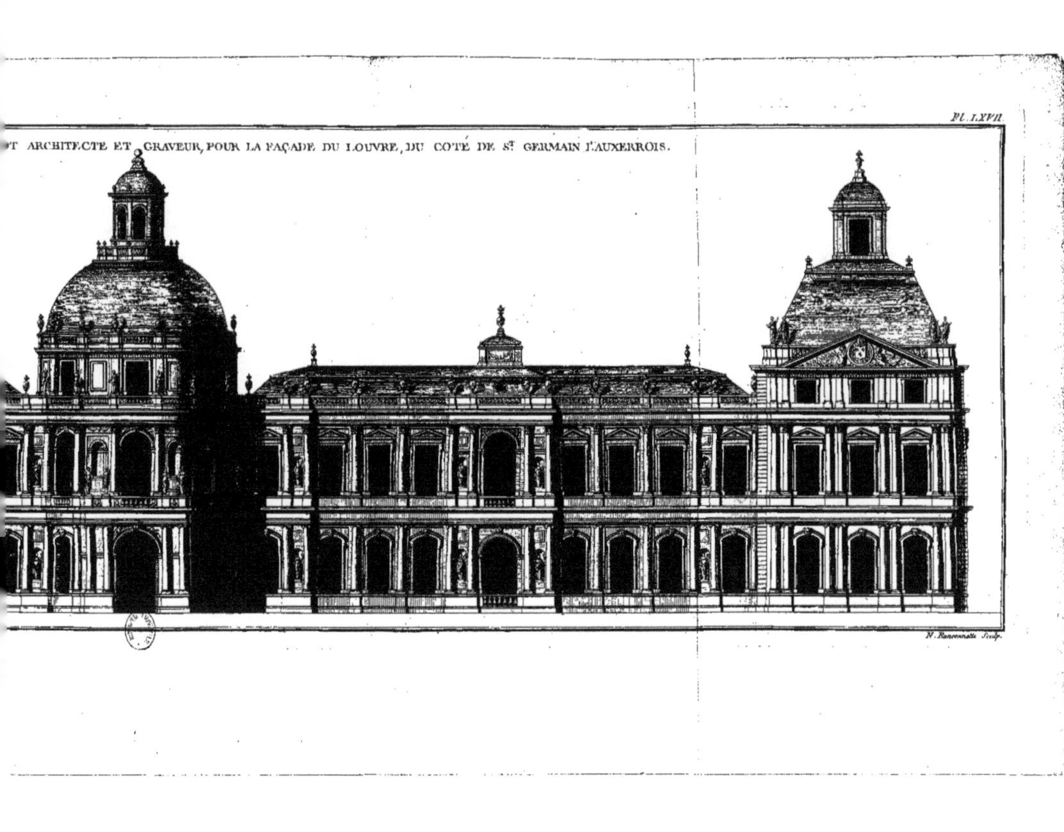

T ARCHITECTE ET GRAVEUR, POUR LA FAÇADE DU LOUVRE, DU COTÉ DE St GERMAIN L'AUXERROIS.
N. Ransonnette Sculp.

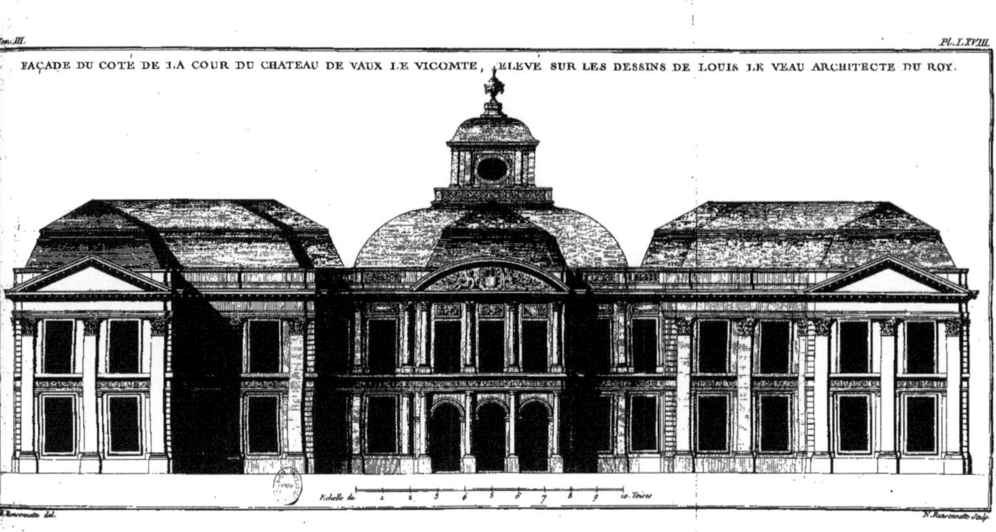

FAÇADE DU COTÉ DE LA COUR DU CHATEAU DE VAUX LE VICOMTE, ÉLEVÉ SUR LES DESSINS DE LOUIS LE VEAU ARCHITECTE DU ROY.

ÉLÉVATION DE L'HOTEL DE BEAUVAIS, DU COTÉ DE LA RUE SAINT ANTOINE.

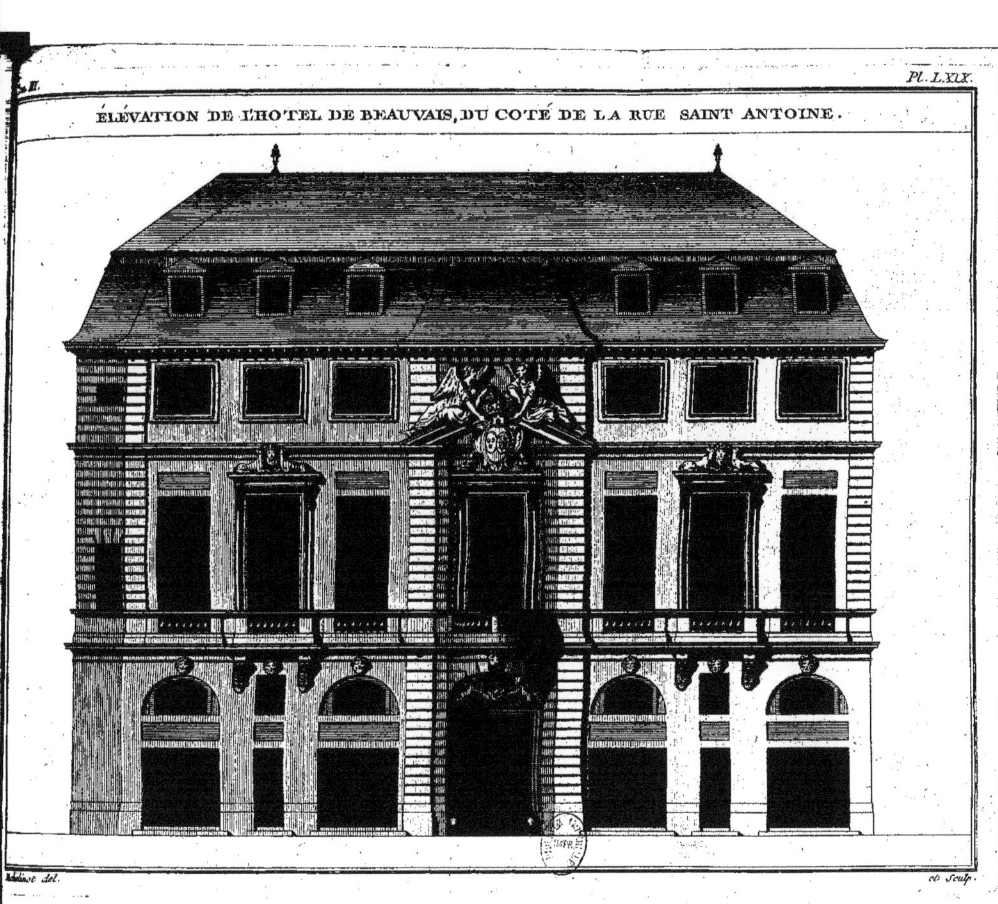

AVANT CORPS DE L'ANCIEN HOTEL DE MONBAZON.
Echelle de
1
2
3
4. Toises
Bouvet del.
Coulet Sculp.

FAÇADE D'UNE MAISON PARTICULIERE, RUE DU COQ S.ᵗ HONORÉ.
Ech. de
Nassau del.
C.ⁿᵉ Haussard Sculp.
FAÇADE D'UNE MAISON PARTICULIERE, RUE DU COQ S.ᵗ HONORÉ.

FACADES DE MAISONS PARTICULIERES.

Fig. I.

Fig. II.

Laplanche del.

Sellier Sculp.

FAÇADES DE MAISONS PARTICULIERES.
Fig. I.
Fig. II.
Laplanche del.
Sellier Sculp.

PLANCHES

POUR LE QUATRIEME VOLUME

DU COURS

D'ARCHITECTURE,

QUI CONTIENT

LES LEÇONS données en 1750, & les années suivantes, par J. F. BLONDEL Architecte, dans son École des Arts.

A PARIS,

Chez la Veuve DESAINT, Libraire, rue du Foin-S.-Jacques.

M DCC LXXIII.

Avec Approbation & Privilége du Roi.

DIFFERENTS DESSINS DE PARTERRES.

Fig. I.   Fig. II.

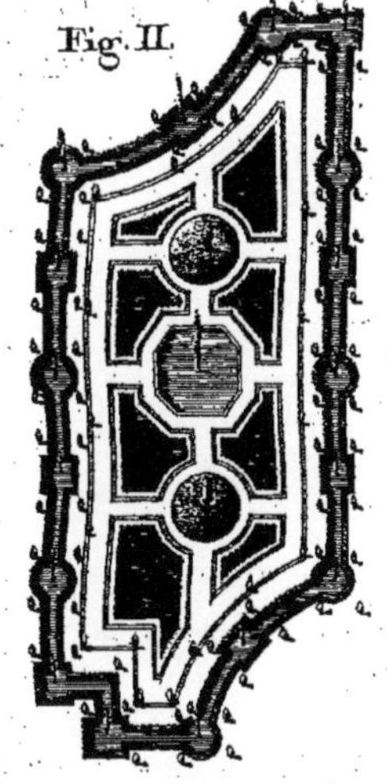

Fig. III.   Fig. IV.

Raincour del.   Croisey Sculp.

DIFFERENTS DESSINS DE PARTERRES.

Fig. I.

Fig. II.

Fig. III.

Fig. IV.

Raincour del.

Croisey Sculp.

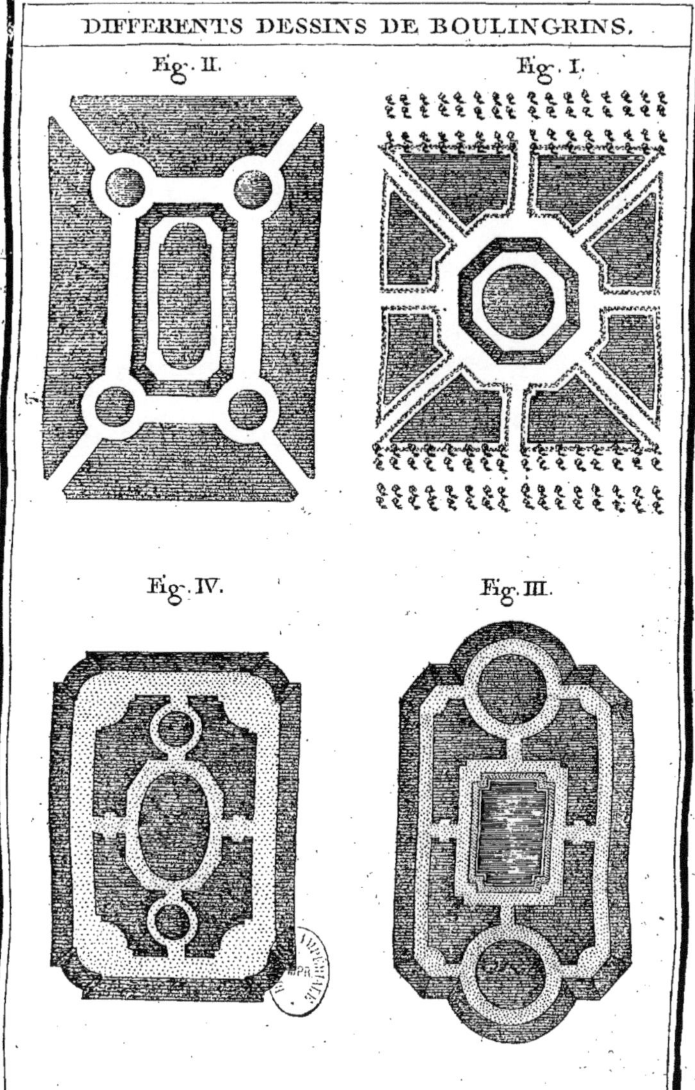

Ramcour del.

C. D. Beauvais Sculp.

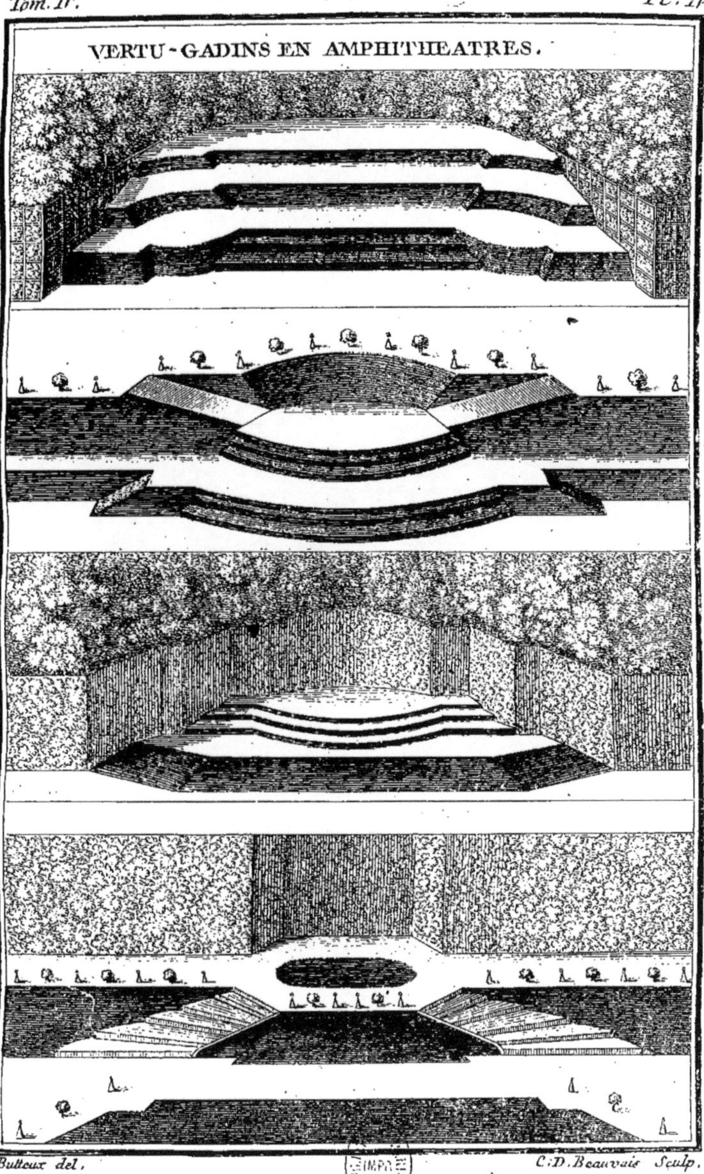

VERTU-GADINS EN AMPHITHEATRES.
Butteux del.
C. D. Beauvais Sculp.

le Roi del.   et Sculp.

le Rey del. et Sculp

DESSIN GÉOMÉTRAL D'UNE TERRASSE AVEC SON ESCALIER, COURONNÉE D'UNE BALUSTRADE ET REVÊTUE EN PARTIE PAR UNE
PALISSADE DE CHARMILLE.

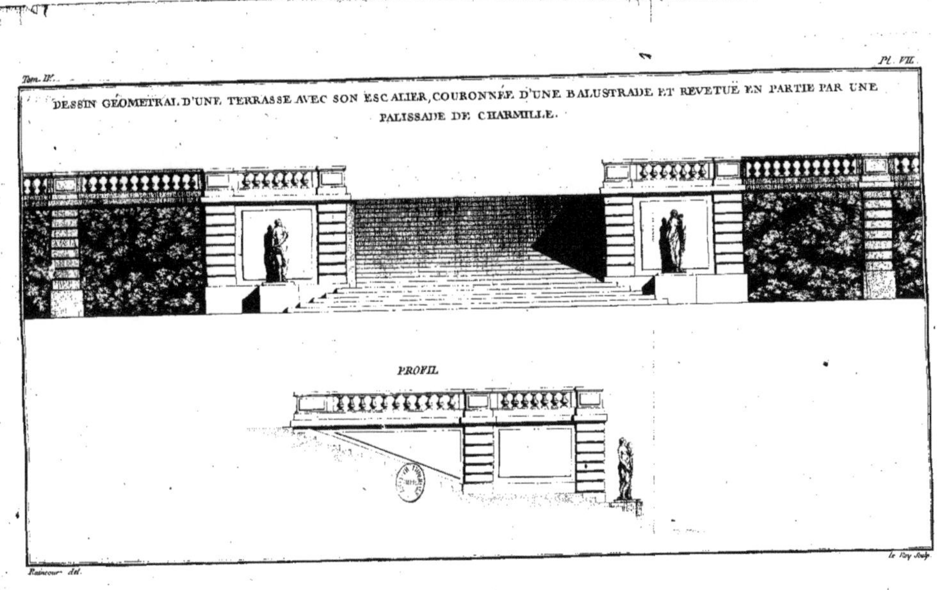

Raincour del.

le Roy Sculp.

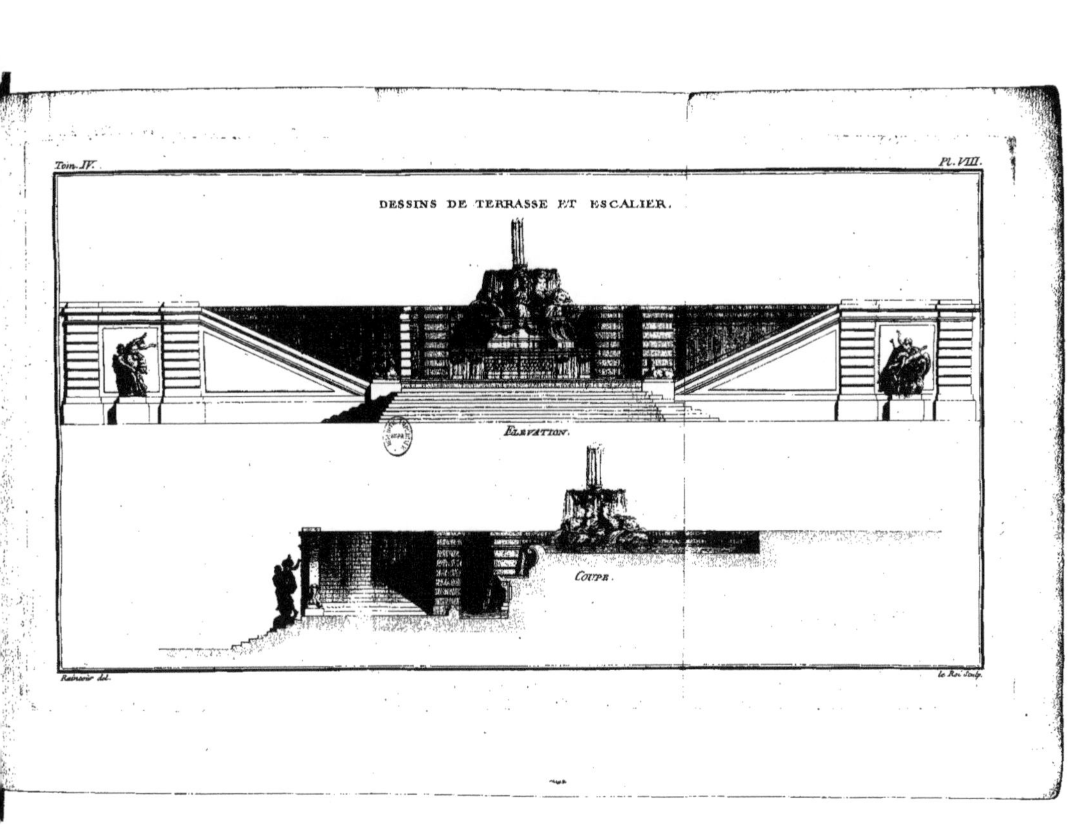

DESSINS DE TERRASSE ET ESCALIER.
ELEVATION.
COUPE.
Retnerir del.
le Roi Sculp.

DIFFERENTS DESSINS DE PALISSADES SIMPLES DESTINÉES A LA DÉCORATION DES JARDINS DES MAISONS DE PLAISSANCE.

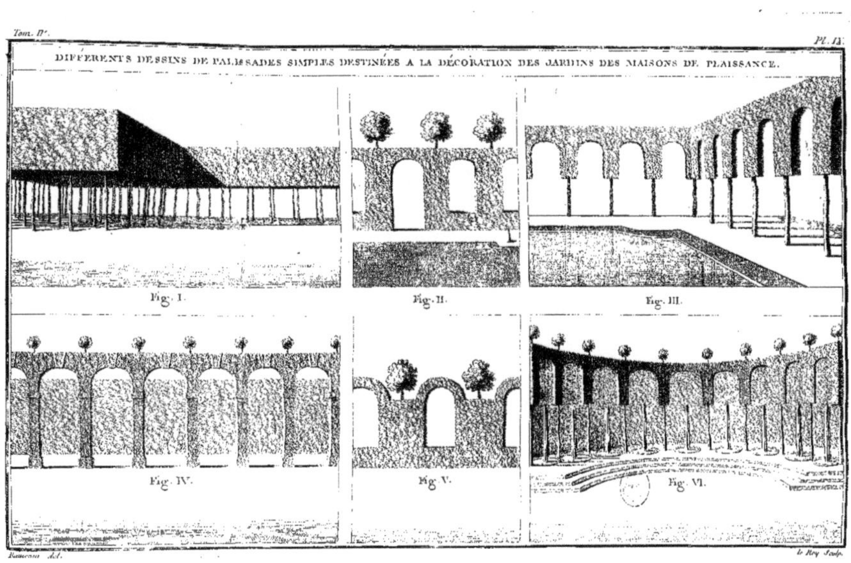

Ramsons del.   le Roy Sculp.

DIFFERENTS DESSINS DE PALISSADES COMPOSÉES, DESTINÉES A LA DÉCORATION DES JARDINS DE MAGNIFICENCE.
Fig. I
Fig. II
Fig. III
Fig. IV
Rainceur del.
le Roy Sculp.

DIFFERENTS DESSINS DE BOSQUETS A L'USAGE DES JARDINS DE PROPRETE.

Broset del.   C. D. Beauvais Sculp.

SALLES DE VERDURE PERCÉES EN ÉTOILE.

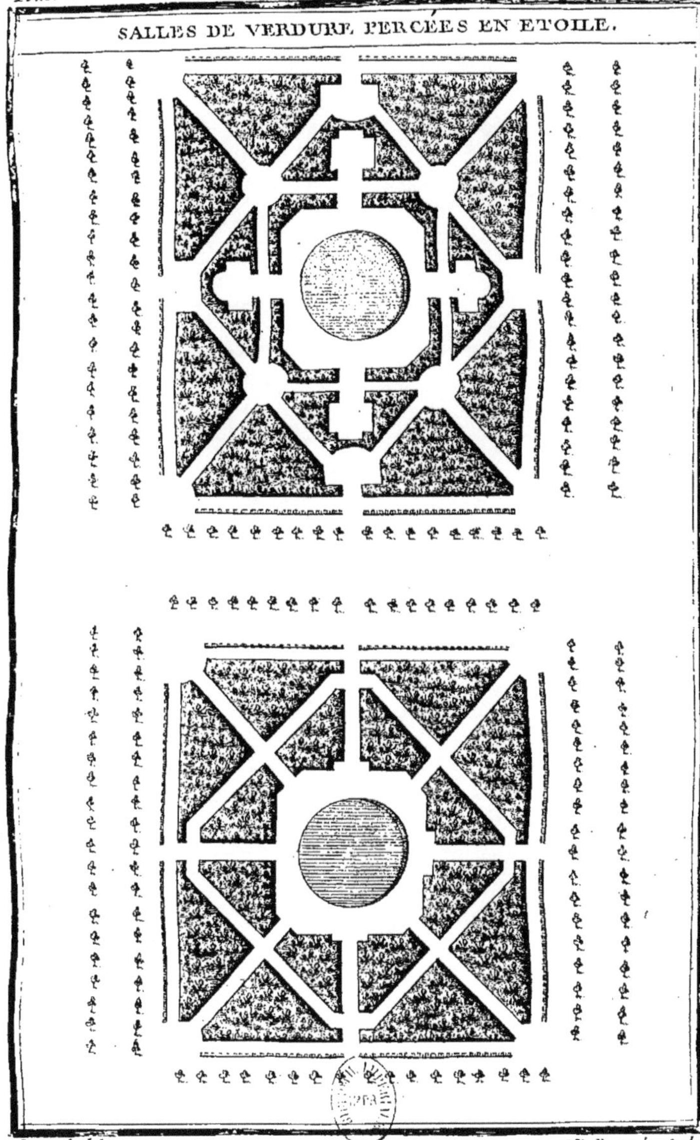

Broset del.

C. D. Beauvais Sculp.

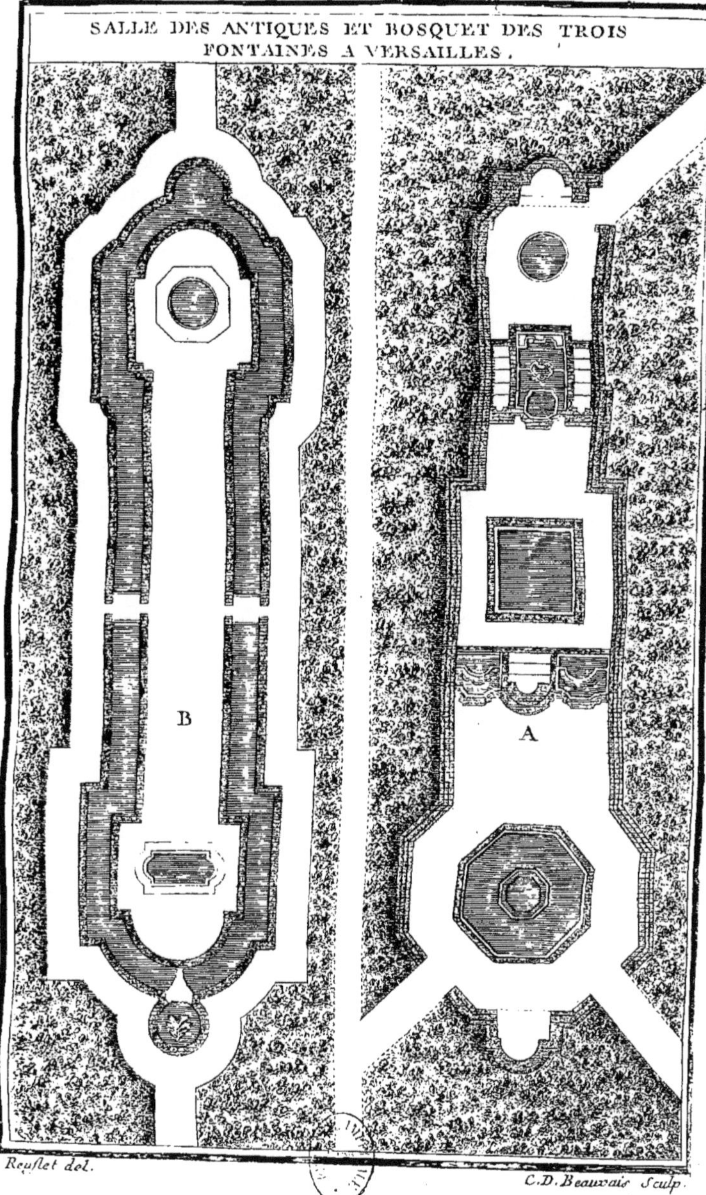
SALLE DES ANTIQUES ET BOSQUET DES TROIS
FONTAINES A VERSAILLES.
B
A
Reuflet del.
C.D. Beauvais Sculp.

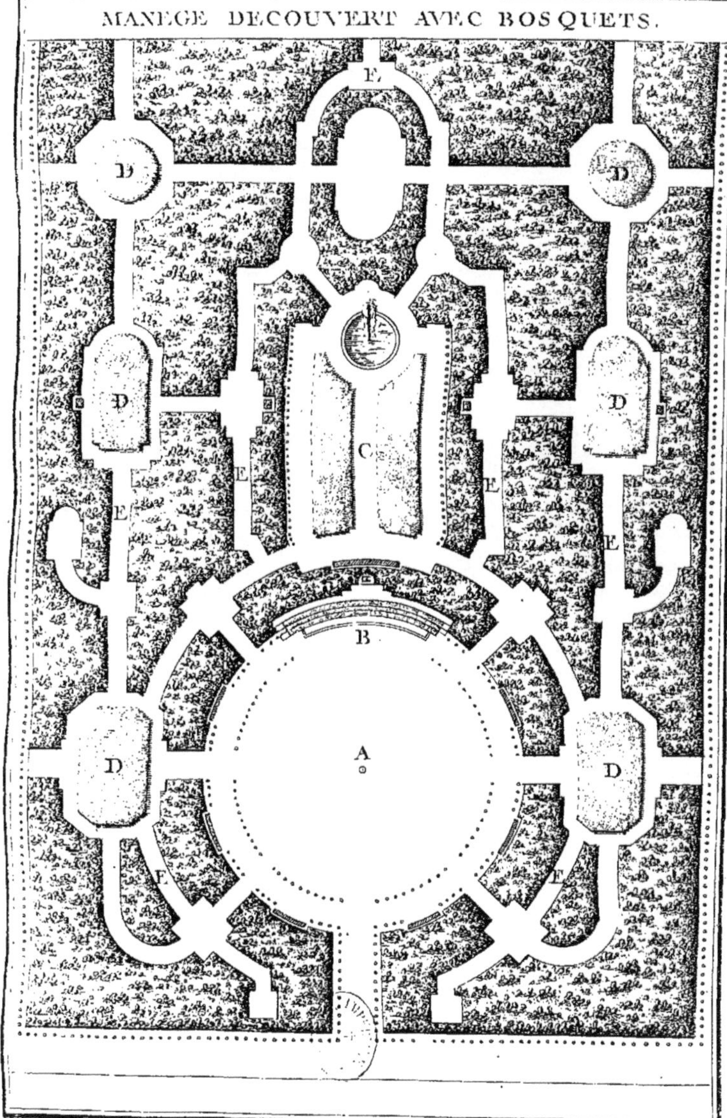
MANEGE DECOUVERT AVEC BOSQUETS.
D
D
E
D
D
E
C
E
E
E
E
B
A
D
D
E
E
De Lorme del.
C. D. Beauvais Sculp.

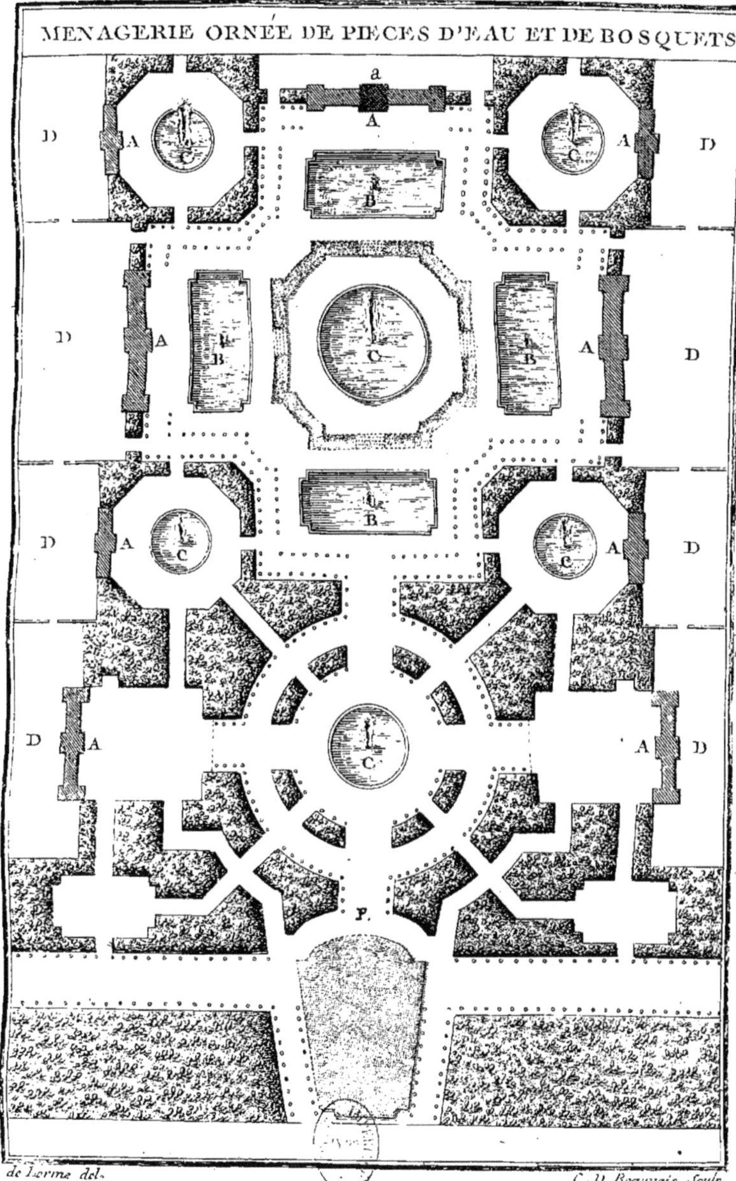

de Lorme del.   C. D. Beauvais Sculp.

P. Entrée principale.
A. Façades des cages ou loges du coté des promeneurs.
D. Cours de service sur le derrière des cages ou loges.
a. Pavillon central pouvant servir de salon.

A . Salle de bal.
B . Orchestre.

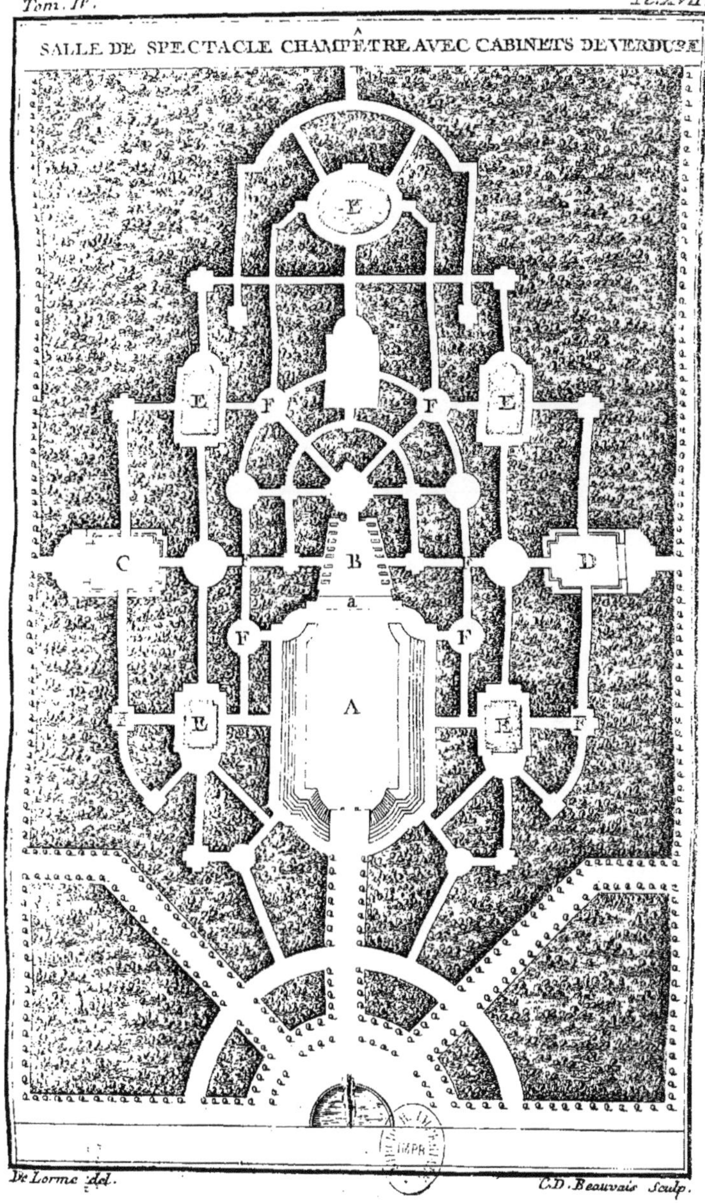

A. Salle.
2. Orchestre
B. Scène
C. Loge des acteurs.
D. Loge des actrices
E. Bosquets. F. Allées.

LABYRINTHE DU JARDIN DE CHOISI.
Raincour del.
C. D. Beauvais Sculp.

LABYRINTHE DU JARDIN DE CHANTILLY.
Ramcour del.
C.D. Beauvais Sculp.

Le Roi del. et Sculp.

le Roi del. et Sculp.

DIVERS DESSINS DE VASES EN MARBRE ET EN BRONZE.

le Roi del.   le Roi Sculp.

DIVERS DESSINS DE VASES EN METAL ET EN PIERRE

Le Roi del.   le Roi Sculp.

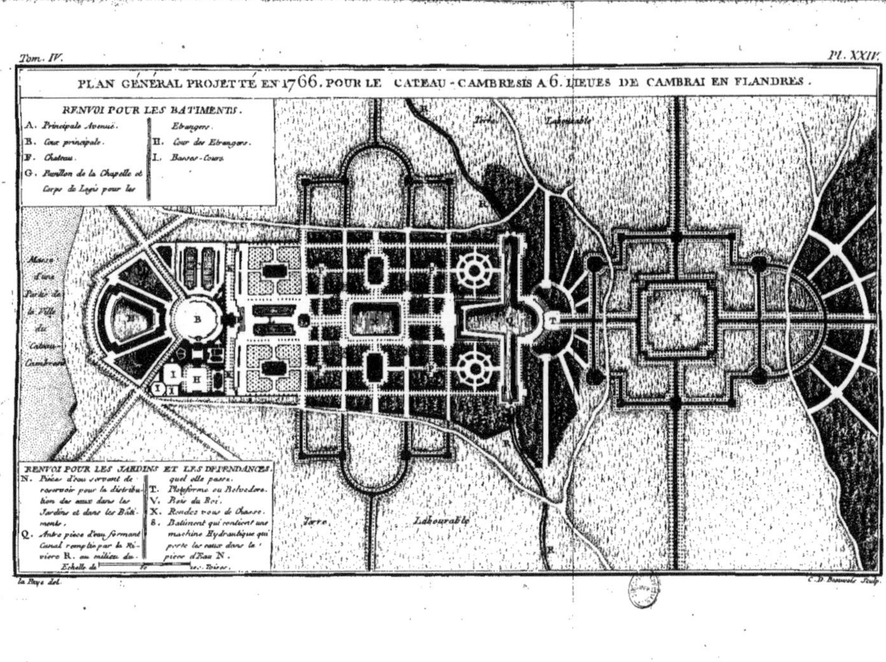

PLAN GÉNÉRAL PROJETTÉ EN 1766, POUR LE CATEAU-CAMBRESIS A 6. LIEUES DE CAMBRAI EN FLANDRES.
RENVOI POUR LES BATIMENTS.
A. Principale Avenue.
B. Cour principale.
F. Château.
G. Pavillon de la Chapelle et Corps de Logis pour les Etrangers.
H. Cour des Etrangers.
L. Basses-Cours.
Terre Labourable
Masse d'une Partie de la Ville du Cateau-Cambresis
Terre Labourable
RENVOI POUR LES JARDINS ET LES DEPENDANCES.
N. Pièce d'eau servant de reservoir pour la distribution des eaux dans les Jardins et dans les Bâtiments.
Q. Autre pièce d'eau formant Canal rempli par la Rivière R. au milieu du quel elle passe.
T. Plateforme ou Belvedere.
V. Bois du Roi.
X. Rendez vous de Chasse.
8. Batiment qui contient une machine Hydraulique qui porte les eaux dans la pièce d'Eau N.
Echelle de   20. Toises.
la Raye del.
C. D. Bauvois Sculp.

PLAN GENERAL DES BATIMENTS ET DES JARDINS D'UN MAGNIFIQUE CHATEAU PROJETTÉ POUR L'ALLEMAGNE.

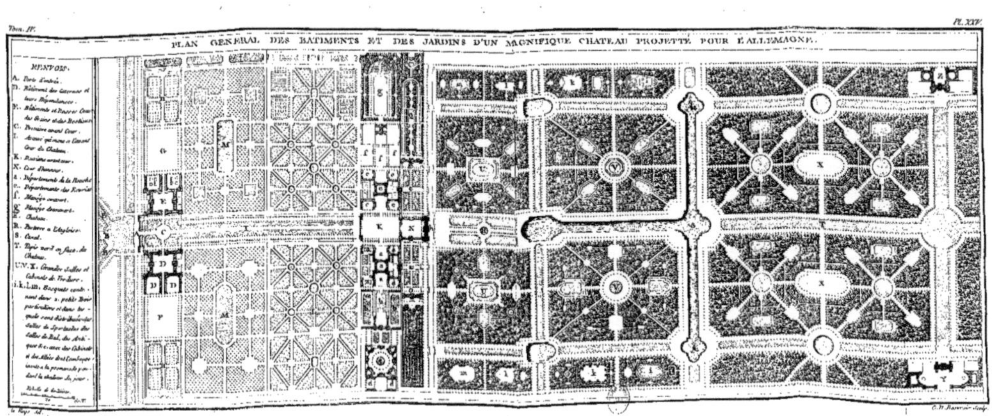

le Roy del.

C.N. Varin Sculp.

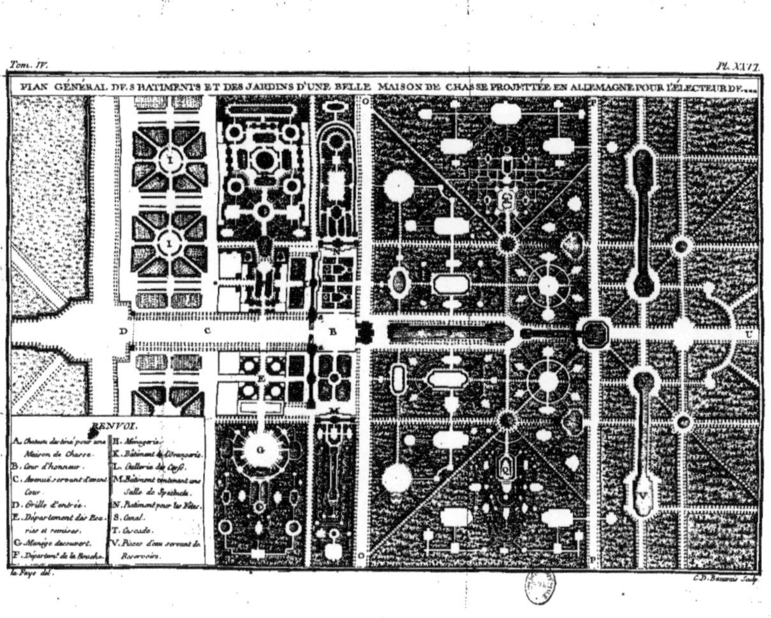

PLAN GÉNÉRAL DES BATIMENTS ET DES JARDINS D'UNE BELLE MAISON DE CHASSE PROJETTÉE EN ALLEMAGNE POUR L'ÉLECTEUR DE....
RENVOI.
A. Château destiné pour une Maison de Chasse.
B. Cour d'honneur.
C. Avenue servant d'avant Cour.
D. Grille d'entrée.
E. Département des Écuries et remises.
G. Manège découvert.
F. Département de la Boucherie.
H. Ménagerie.
K. Bâtiment de l'Orangerie.
L. Gallerie des Cerfs.
M. Bâtiment contenant une Salle de Spectacle.
N. Bâtiment pour les Fêtes.
S. Canal.
T. Cascade.
V. Pièces d'eau servant de Réservoirs.
la Faye del.
C. B. Baurois Sculp.

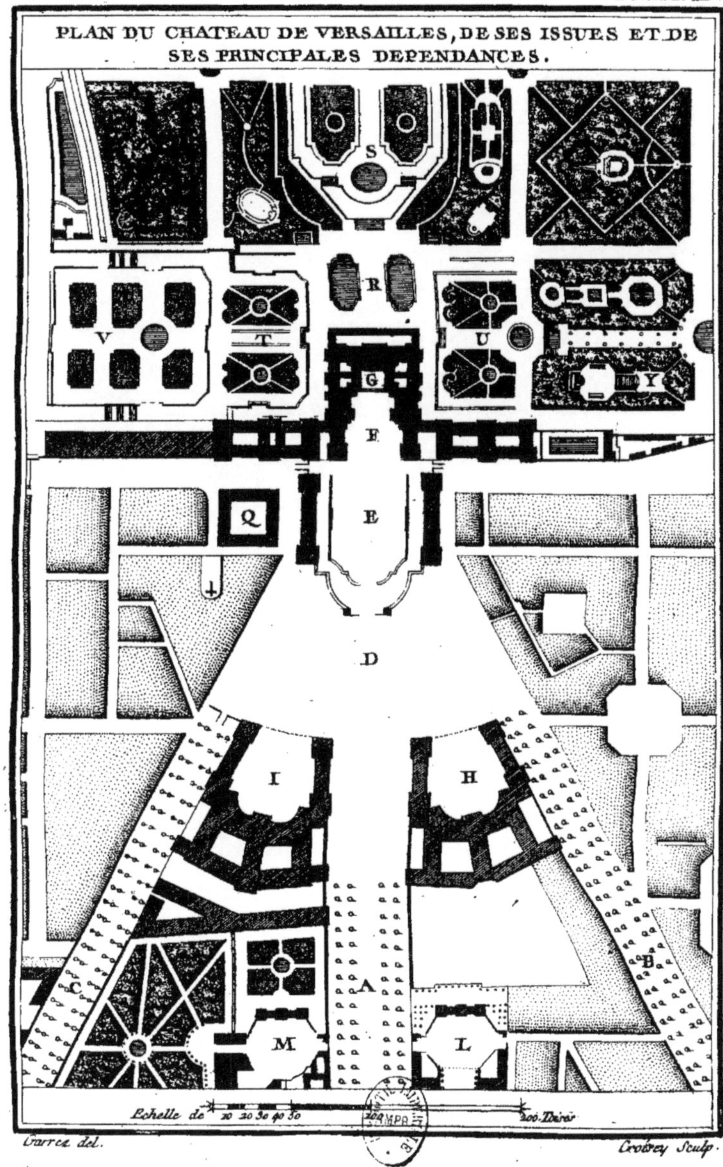

PLAN DU CHATEAU DE VERSAILLES, DE SES ISSUES ET DE
SES PRINCIPALES DEPENDANCES.
S
R
V   T   U   Y
G
F
Q   E
D
I   H
C   B
A
M   L
Echelle de   10 20 30 40 50   100   200 Toises.
Garrez del.
Croisey Sculp.

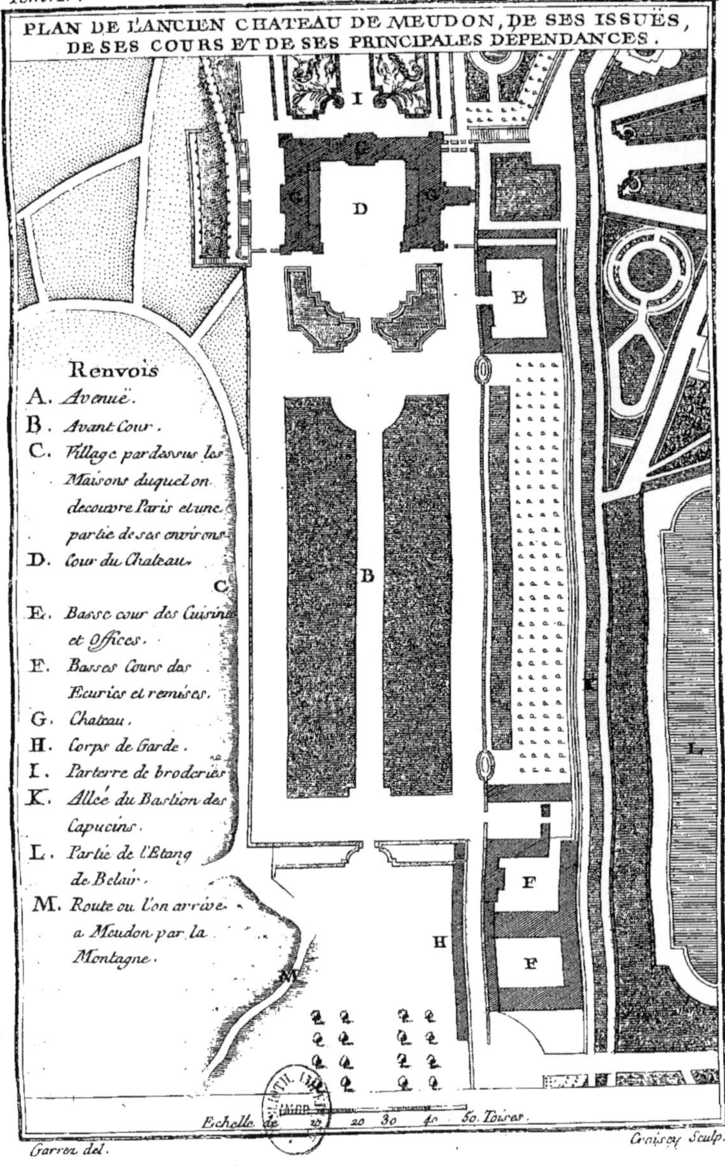
PLAN DE L'ANCIEN CHATEAU DE MEUDON, DE SES ISSUES,
DE SES COURS ET DE SES PRINCIPALES DEPENDANCES.
Renvois
A. Avenuë.
B. Avant-Cour.
C. Village pardessus les
Maisons duquel on
decouvre Paris et une
partie de ses environs.
D. Cour du Chateau.
E. Basse cour des Cuisines
et Offices.
F. Basses Cours des
Ecuries et remises.
G. Chateau.
H. Corps de Garde.
I. Parterre de broderies.
K. Allée du Bastion des
Capucins.
L. Partie de l'Etang
de Belair.
M. Route ou l'on arrive
a Meudon par la
Montagne.
Echelle de   10   20   30   40   50. Toises.

Garrez del.
Croisey Sculp.

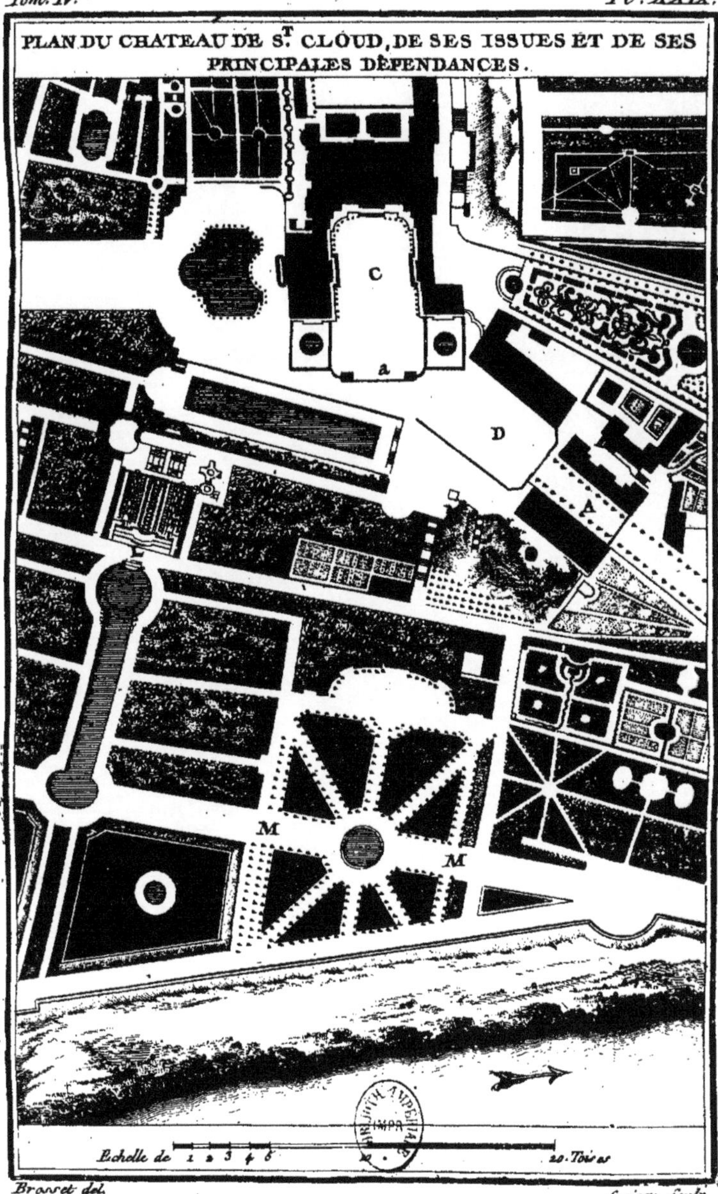

PLAN DU CHATEAU DE S.T CLOUD, DE SES ISSUES ET DE SES
PRINCIPALES DÉPENDANCES.
C
a
D
E
M
M
Echelle de 1 2 3 4 5 10 20. Toises
Brosset del.
Croisey Sculp

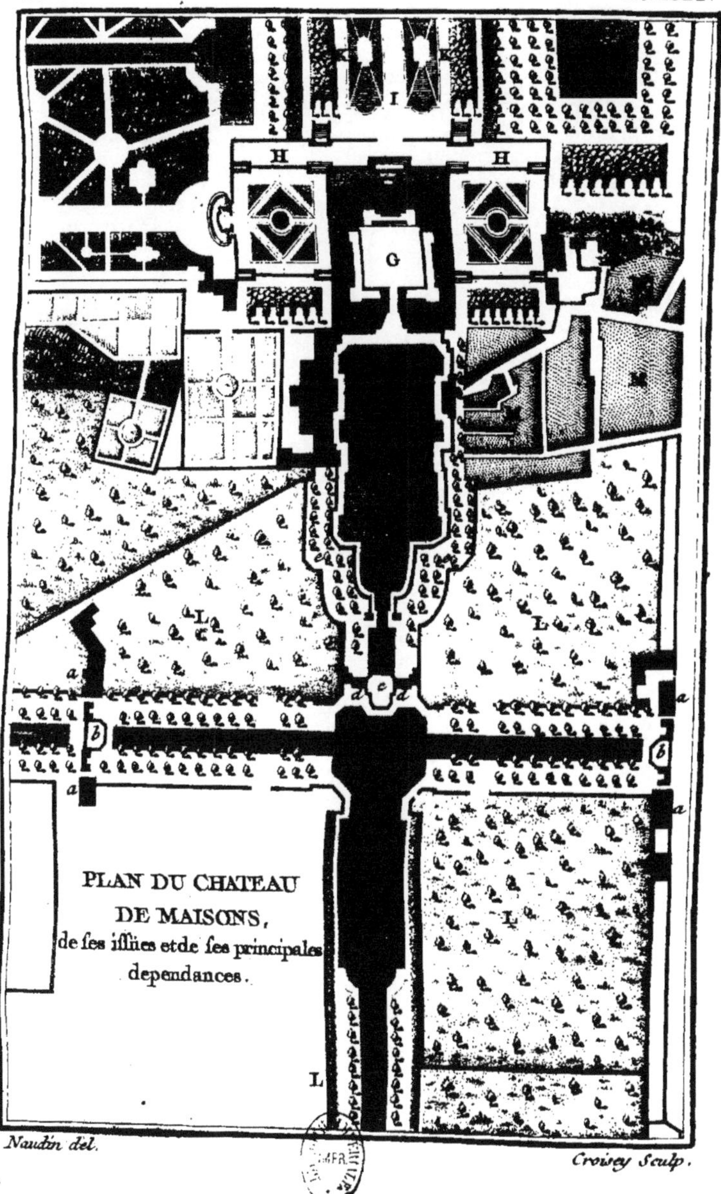

PLAN DU CHATEAU
DE MAISONS,
de ses issües et de ses principales
dependances.

Naudin del.   Croisey Sculp.

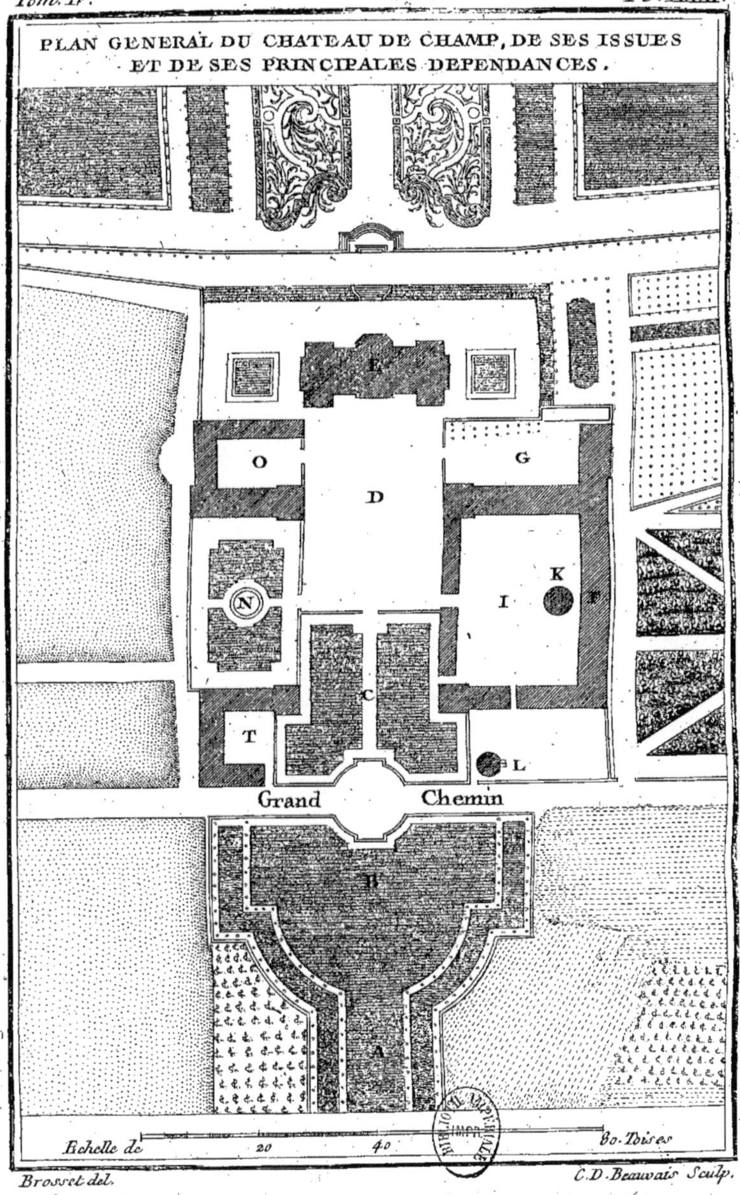

Brosset del.   C.D.Beauvais Sculp.

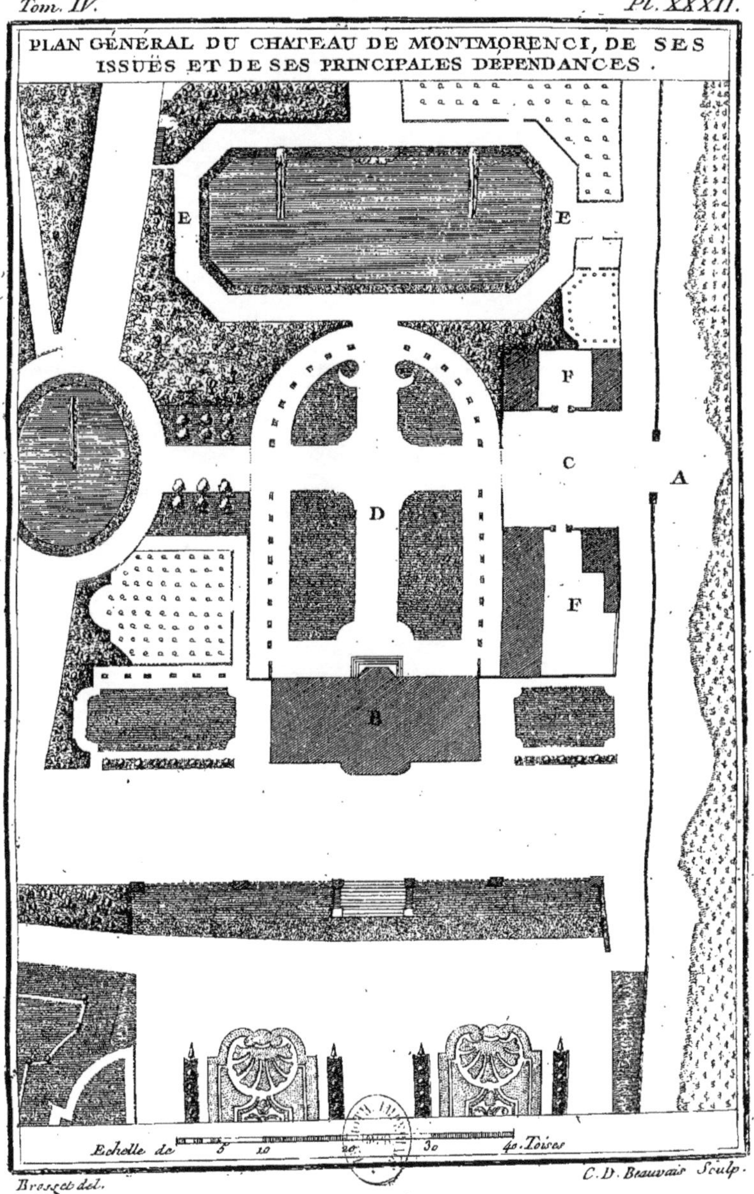

Brosset del.

C. D. Beauvais Sculp.

PLAN PAR MASSES D'UN BATIMENT DE SOIXANTE SIX TOISES DE FACE, DE SES ISSUES ET DE SES DEPENDANCES.

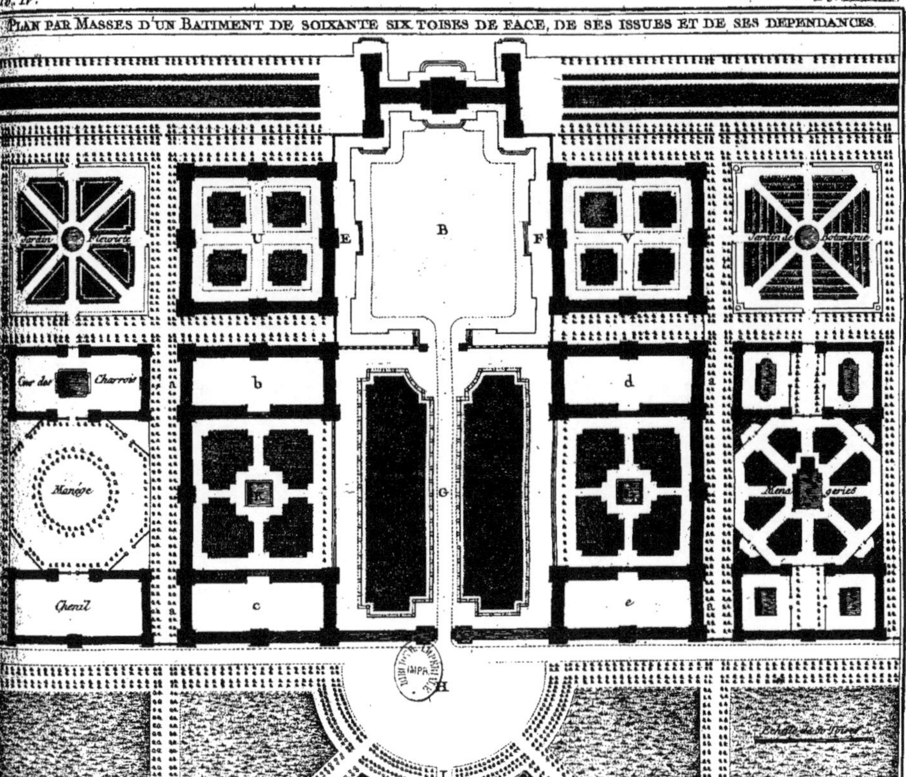

Benard del.

Croisey Sculp.

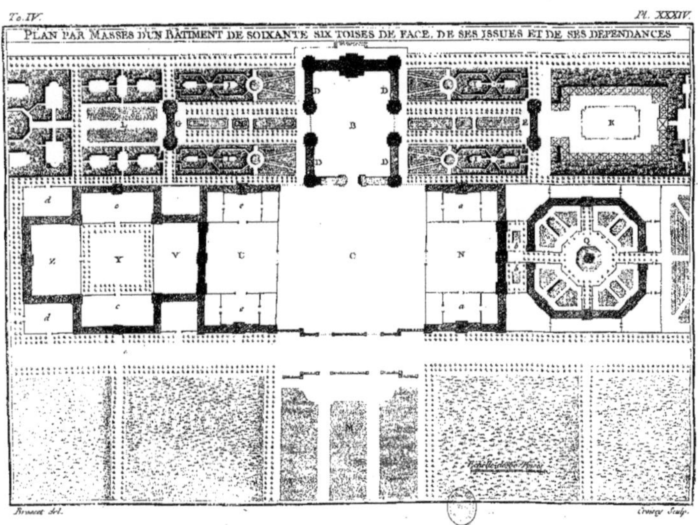
PLAN PAR MASSES D'UN BÂTIMENT DE SOIXANTE SIX TOISES DE FACE, DE SES ISSUES ET DE SES DEPENDANCES
Brunet del.
Croisey Sculp.

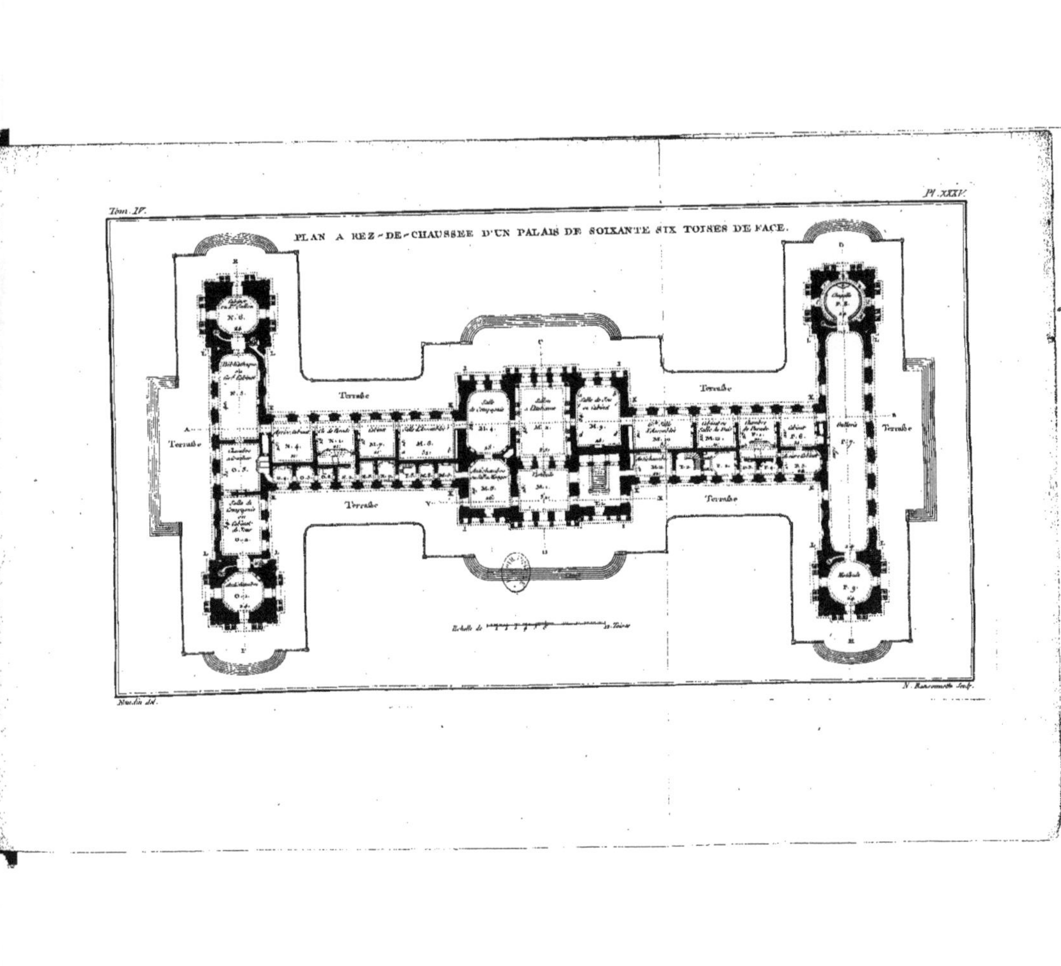

PLAN A REZ-DE-CHAUSSEE D'UN PALAIS DE SOIXANTE SIX TOISES DE FACE.
Terrasse
Terrasse
Terrasse
Terrasse
Echelle de
de Toises.
Neufin del.
N. Ransonnette Sculp.

Tom. IV.
Pl. XXXVI.
AUTRE PLAN A REZ DE CHAUSSÉE DU
DE FACE, COMME.
MÊME PALAIS DE SOIXANTE SIX TOISES.
LE PRECEDENT.
S
T
Y
X
X
Sallon
O
Chambre de Parade
O
Cabinet
E
Salle de Compagnie
I
Cabinet
L
Salle d'Assemblée
D
Salle a Vestibule
B
Salle d'Assemblée
E
Salle d'Audience ?
AA
Salle du Dais
AA
Cabinet du Conseil
AA
Chambre de Parade
AA
Sallon
AA
Chambre a Coucher
P
Antichambre
Salle a Manger
M
Deuxieme Antichambre
Premiere Antichambre ?
F
Vestibule
A
Antichambre
B
Cabinet
BB
Chambre
BB
Second Cabinet
BB
Salle de Compagnie
P
Cabinet
P
Antichambre
P.1
AA
Galerie
V
Chapelle
Q
Sallon
AA.1
Echelle de la Toise.

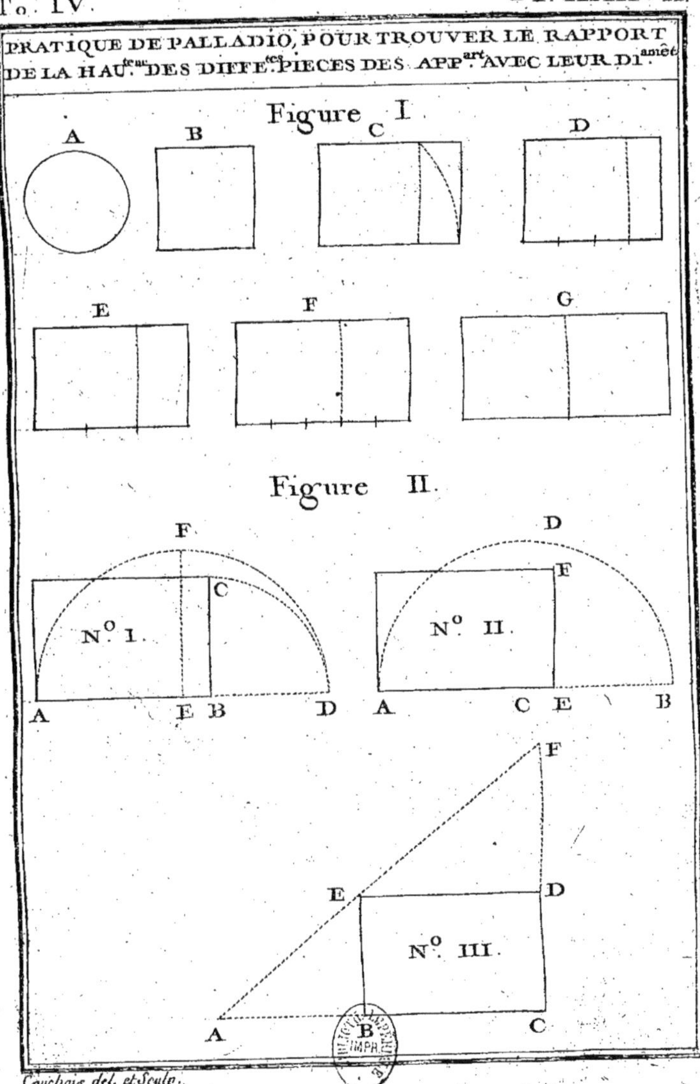

PRATIQUE DE PALLADIO, POUR TROUVER LE RAPPORT
DE LA HAU.teur DES DIFFE.tes PIECES DES APP.art AVEC LEUR DI.amèt
Figure I.
A
B
C
D
E
F
G
Figure II.
F
C
N.o I.
A E B D
D
F
N.o II.
A C E B
F
E D
N.o III.
A C
Cauchois del. et Sculp.

PROCEDÉ DE SCAMOZZI POUR TROUVER LE RAPPORT DE LA HA.^{teu} DES DIFFÉ.^{tes} PIECES DES APP.^{art} RELA.^{tive} A LEUR DI.^{amèh}

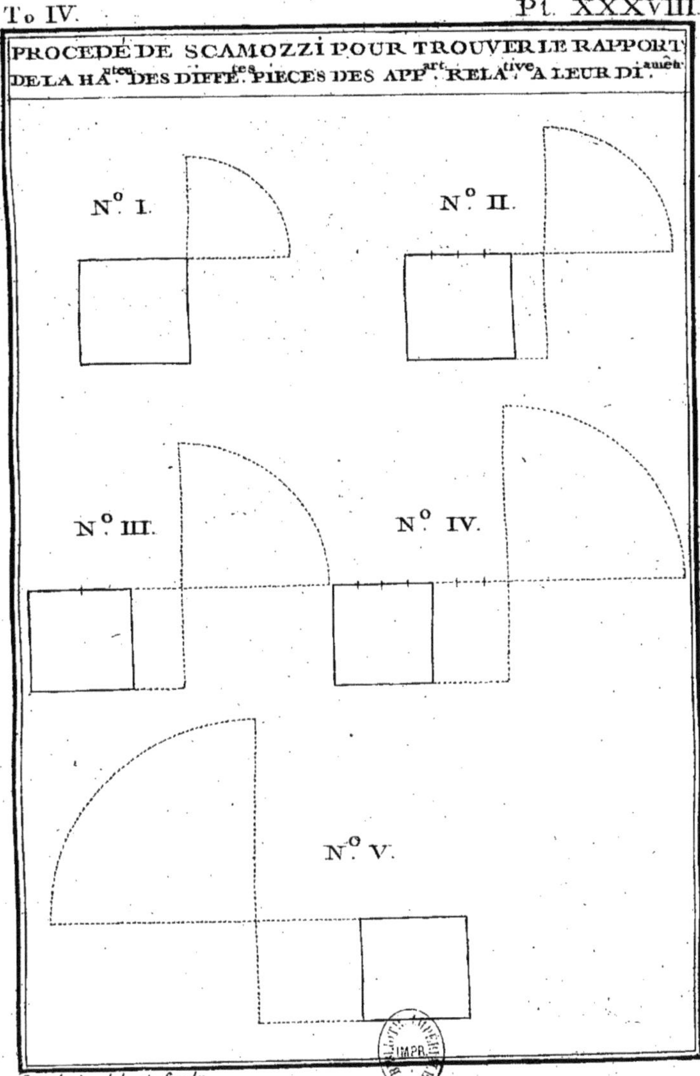

Cauchois del. et Sculp.

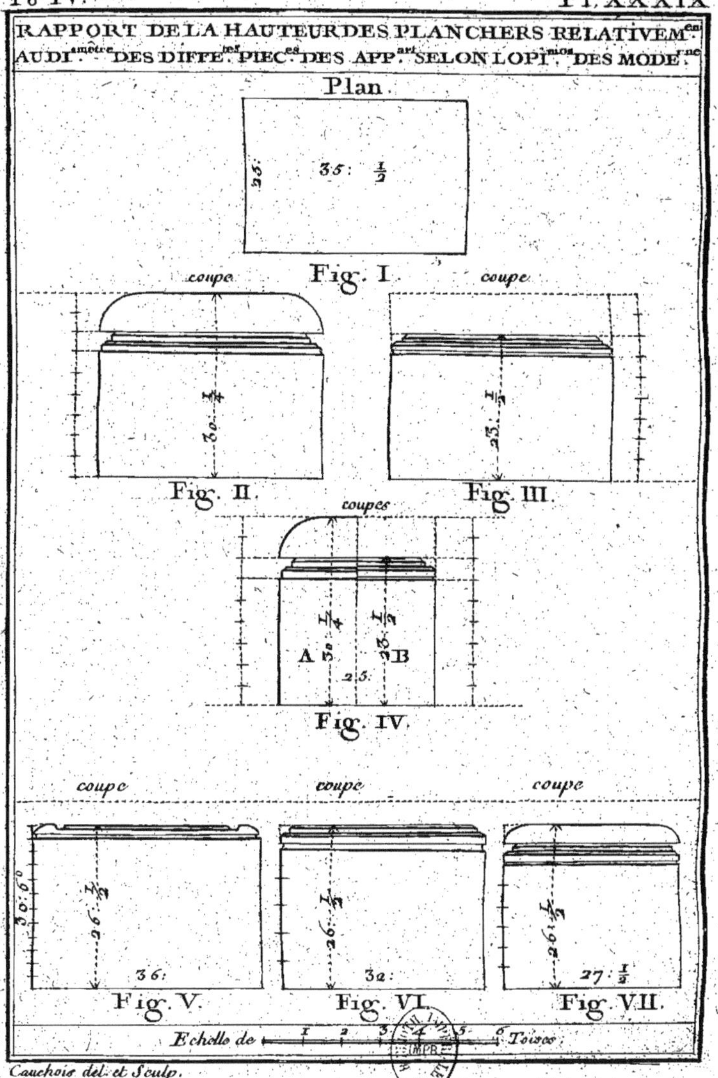

Cauchois del. et Sculp.

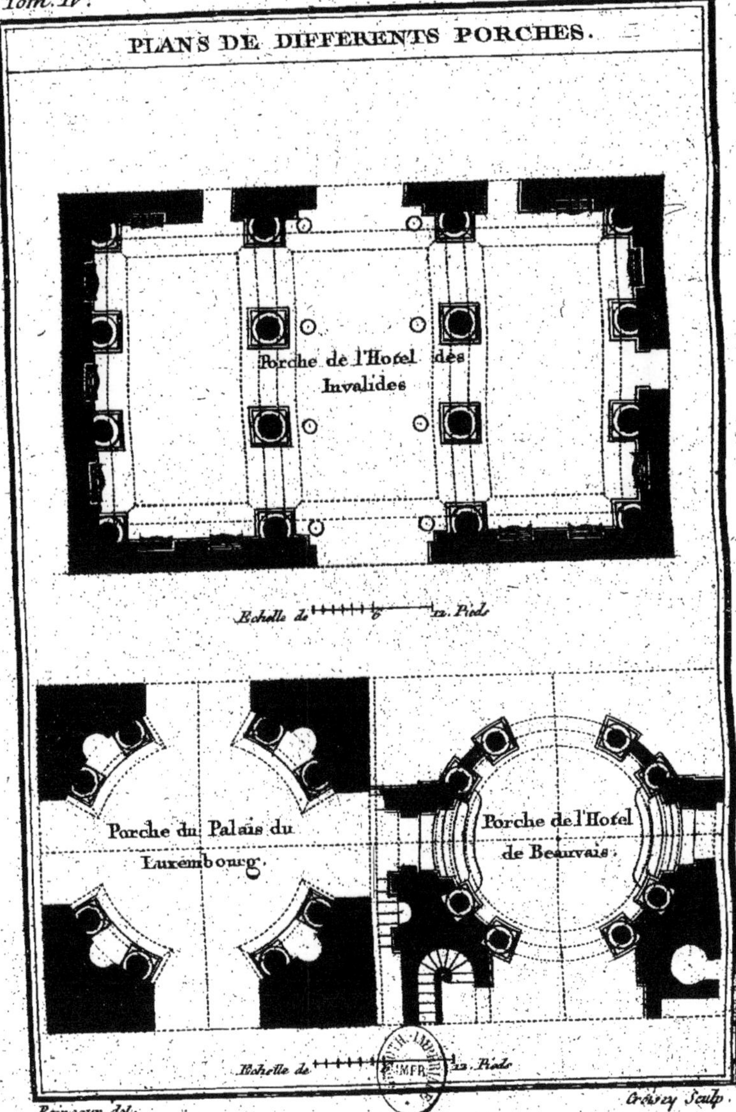

PLANS DE DIFFERENTS PORCHES.
Porche de l'Hotel des
Invalides
Echelle de 12. Pieds
Porche du Palais du
Luxembourg.
Porche de l'Hotel
de Beauvais
Echelle de 12. Pieds
Raincour del.
Crésiny Sculp.

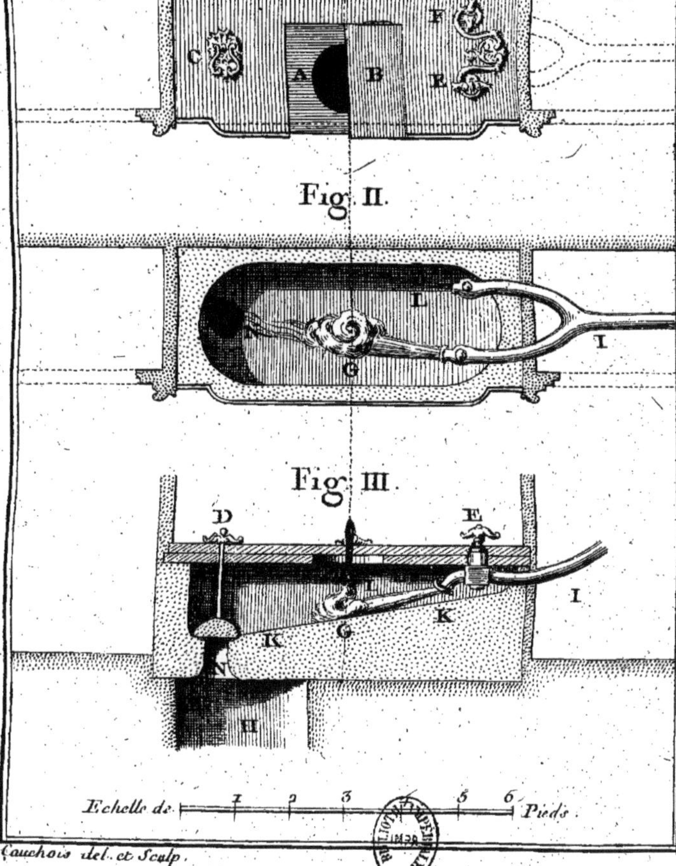
DEVELOPPEMENTS DE L'INTERIEUR D'UNE BANQUETTᵉ
ALUSAGE DES GARDEROBES CONNUES SOUS
LE NOM DE LIEUX A SOUPAPE.
Fig. I.
C
F
A
B
E
Fig II.
L
G
I
Fig III.
D
E
G
K
K
N
I
H
Echelle de 1 2 3 5 6 Pieds.
Cauchois del. et Sculp.

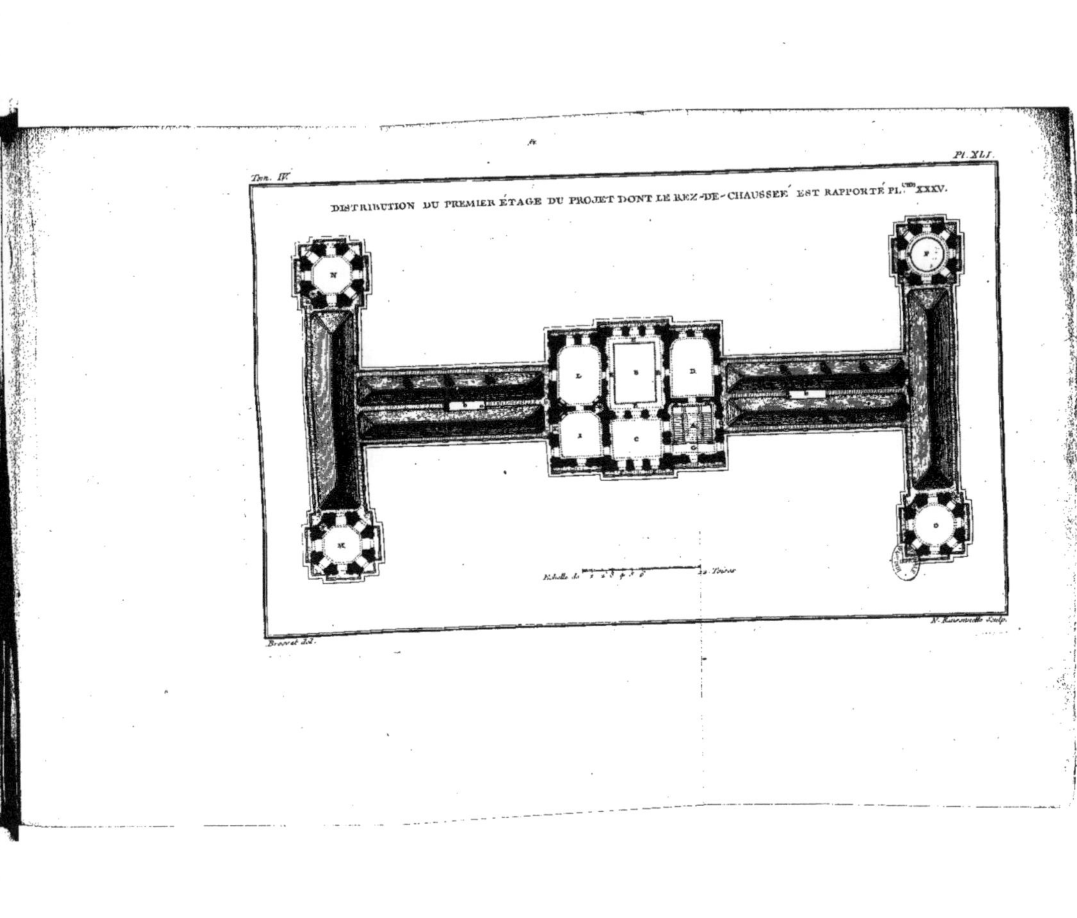

Tom. IV.
Pl. XLI.
DISTRIBUTION DU PREMIER ÉTAGE DU PROJET DONT LE REZ-DE-CHAUSSÉE EST RAPPORTÉ Pl. XXXV.
Échelle de 1 2 3 4 5 6   20 Toises
Brevet del.
N. Ransonnette Sculp.

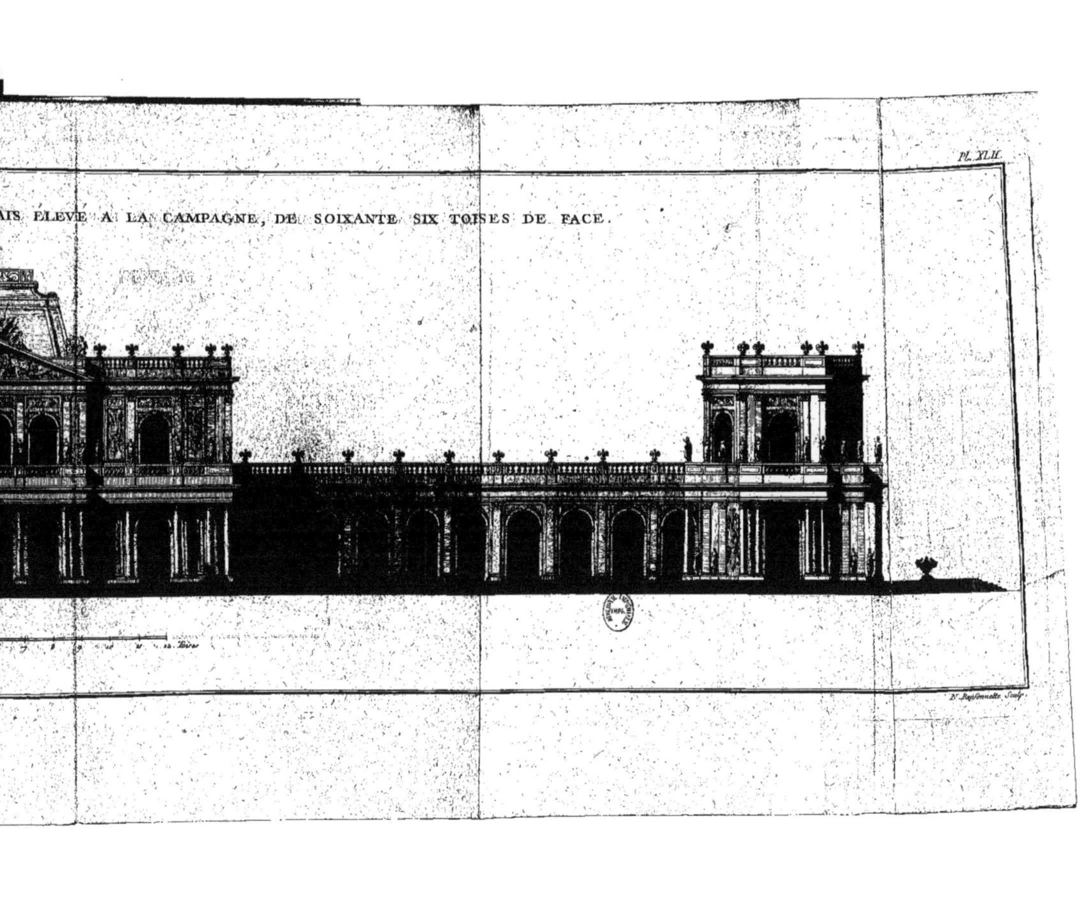

N. Ransonnette Sculp.

ÉLÉVATION GÉOMÉTRALE D'UNE DES FACES LATERALES D'UN PALAIS, DE SOIXANTE SIX TOISES DE FACE.

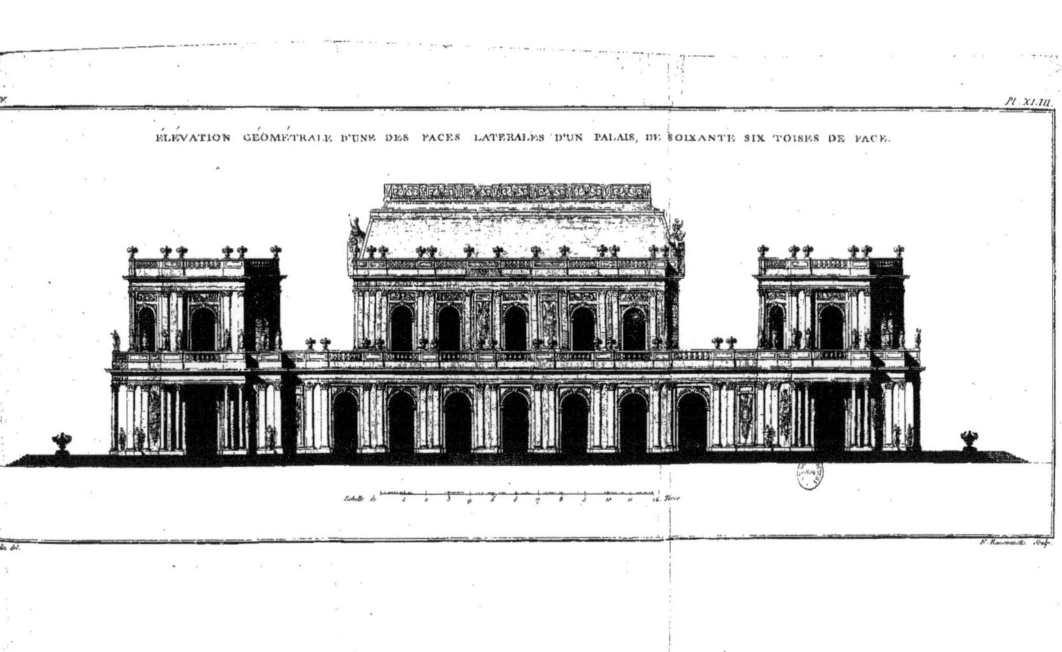

COUPE PRISE SUR LA PROFONDEUR DU PRINCIPAL CORPS DE LOGIS D'UN PALAIS DE SOIXANTE SIX TOISES DE FACE.

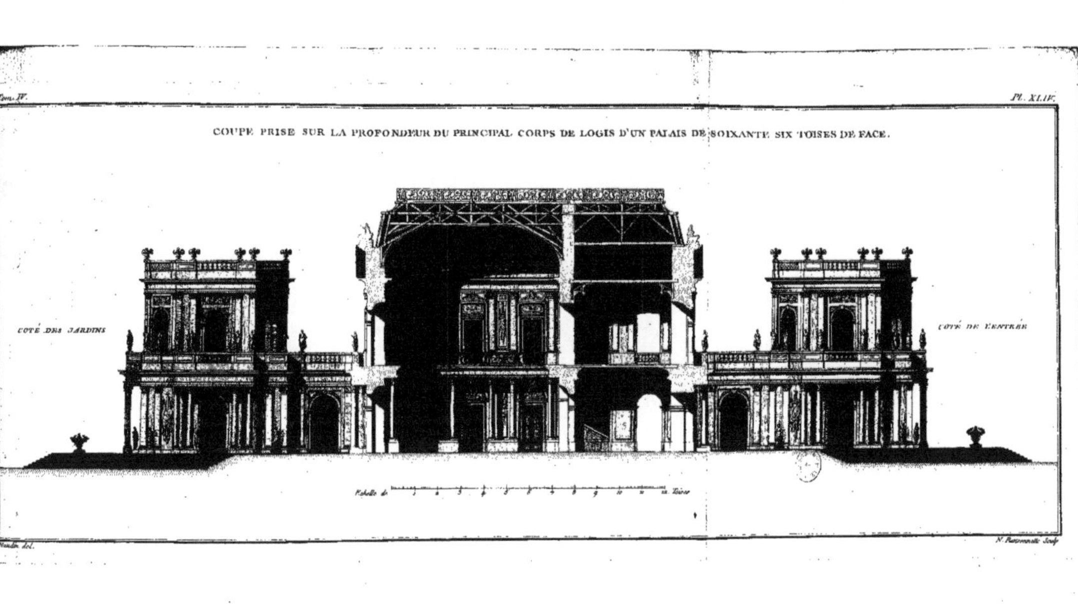

PLAN D'UN BELVEDERE SERVANT
Echelle de   1   2   3   4   5   Toises
Ransonnette del. et Sculp.

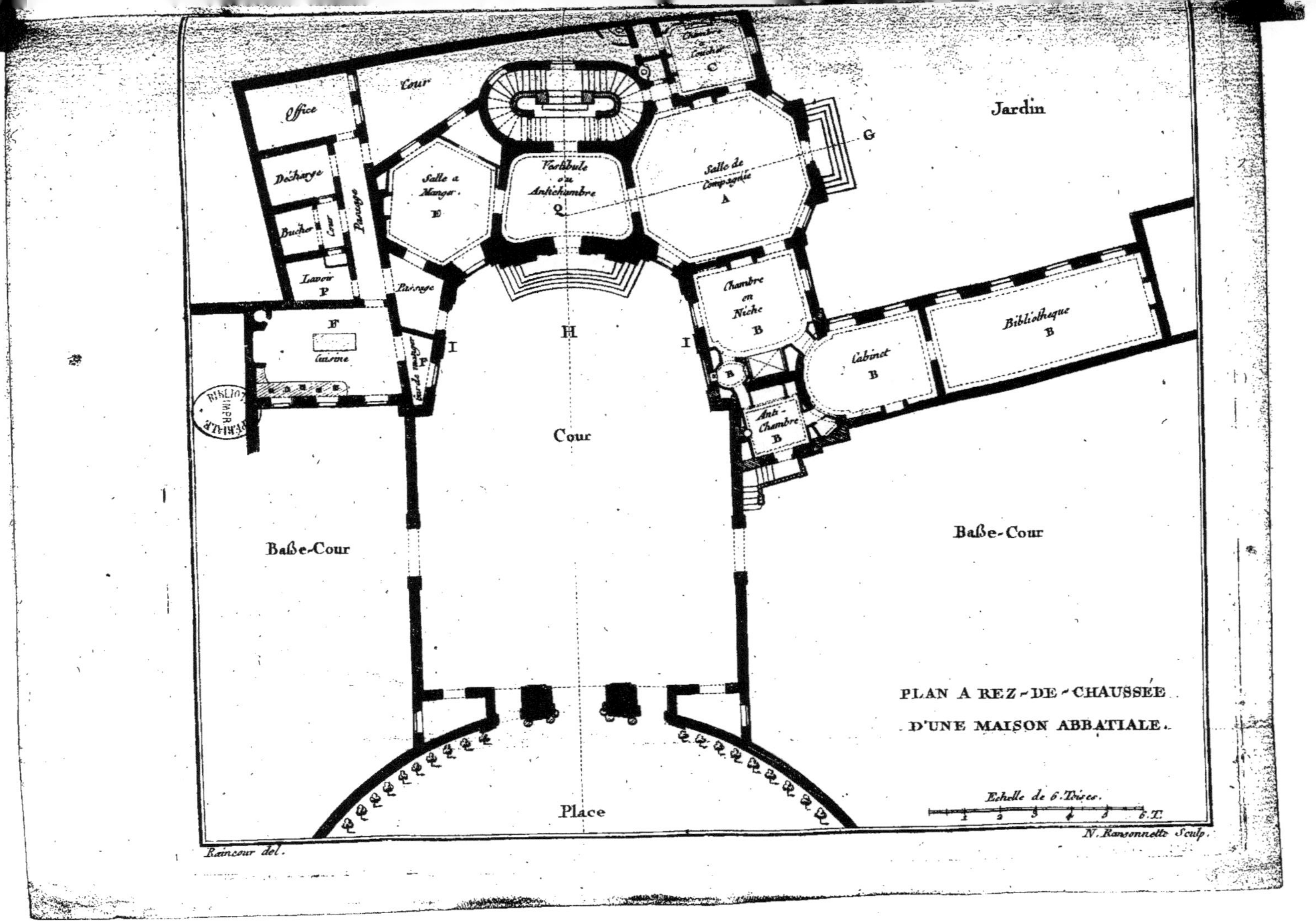

PLAN A REZ-DE-CHAUSSEE D'UNE MAISON ABBATIALE.

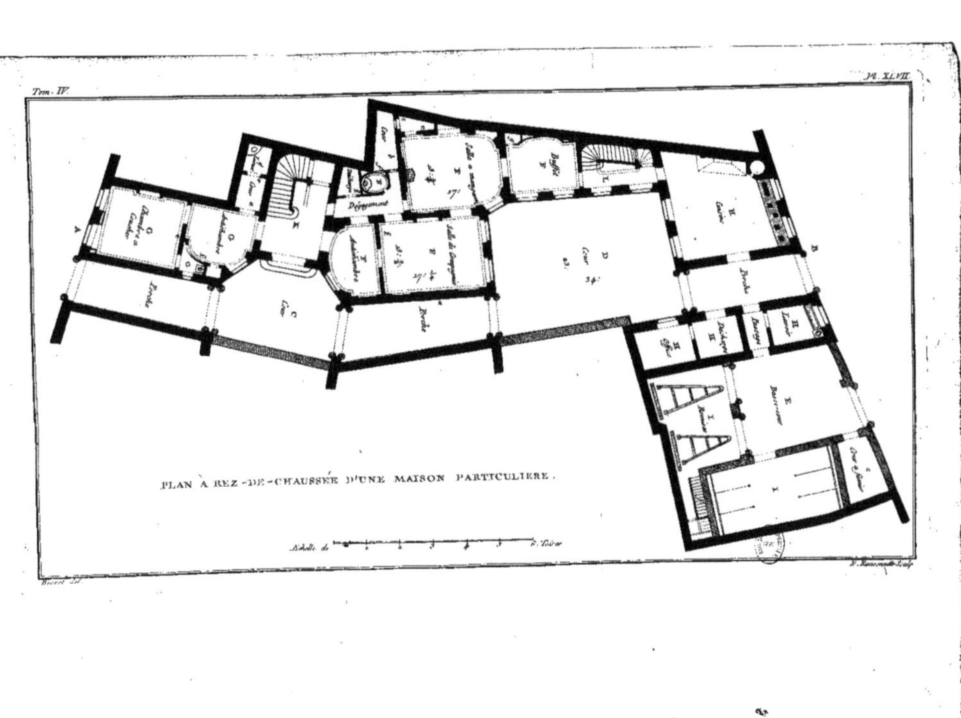

PLAN A REZ-DE-CHAUSSÉE D'UNE MAISON PARTICULIERE.

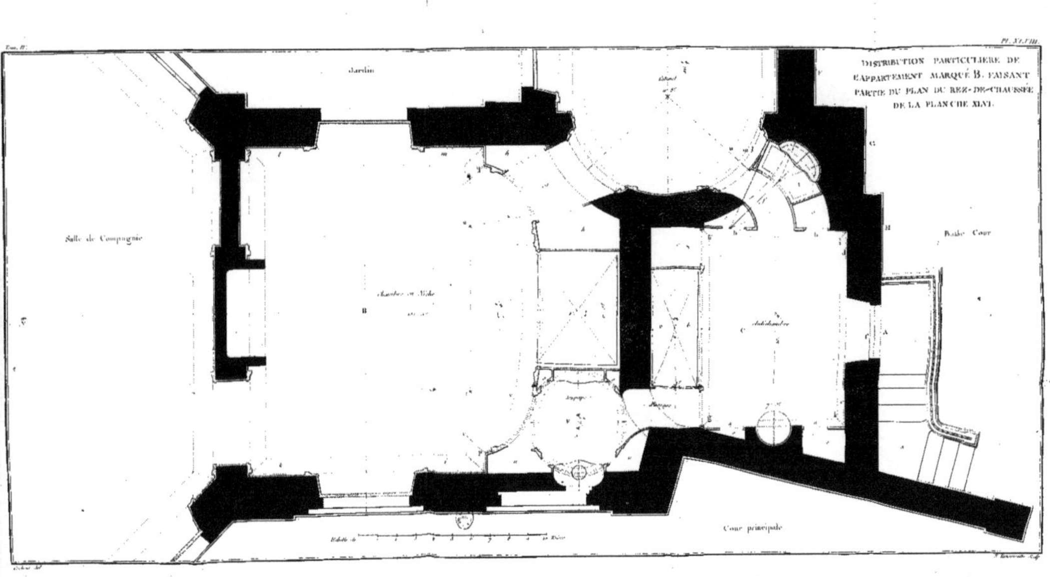

Pl. XLVIII.
DISTRIBUTION PARTICULIERE DE
L'APPARTEMENT MARQUÉ B. FAISANT
PARTIE DU PLAN DU REZ-DE-CHAUSSÉE
DE LA PLANCHE XLVI.
Jardin
Salle de Compagnie
Chambre en Niche
Antichambre
Basse Cour
Cour principale
Échelle de

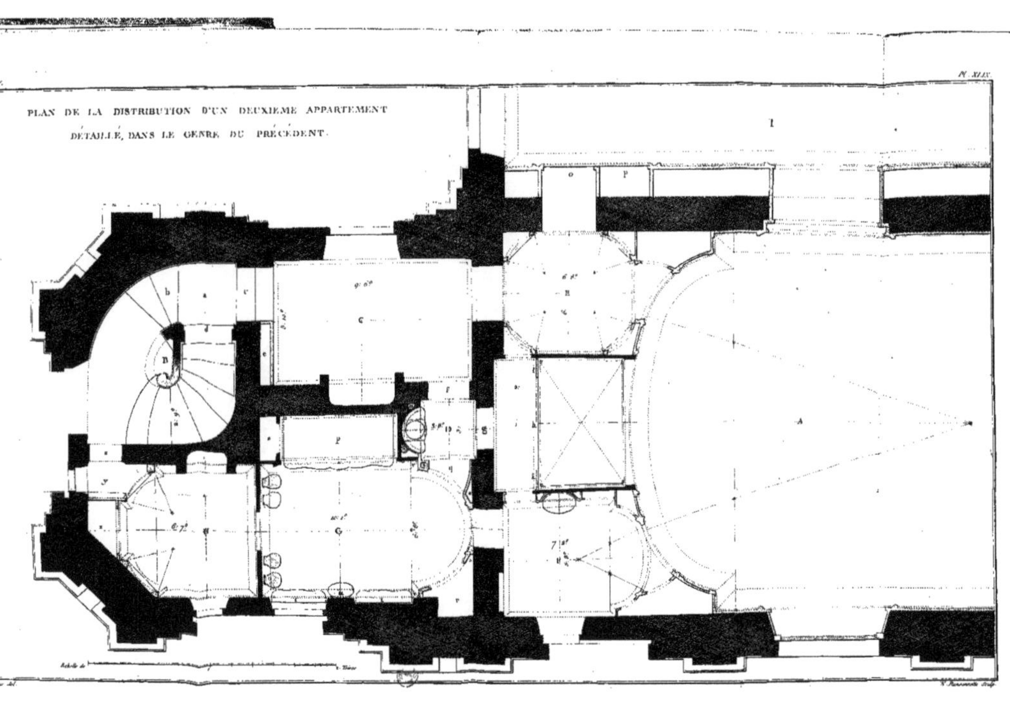

PLAN DE LA DISTRIBUTION D'UN DEUXIEME APPARTEMENT
DÉTAILLÉ, DANS LE GENRE DU PRÉCÉDENT.

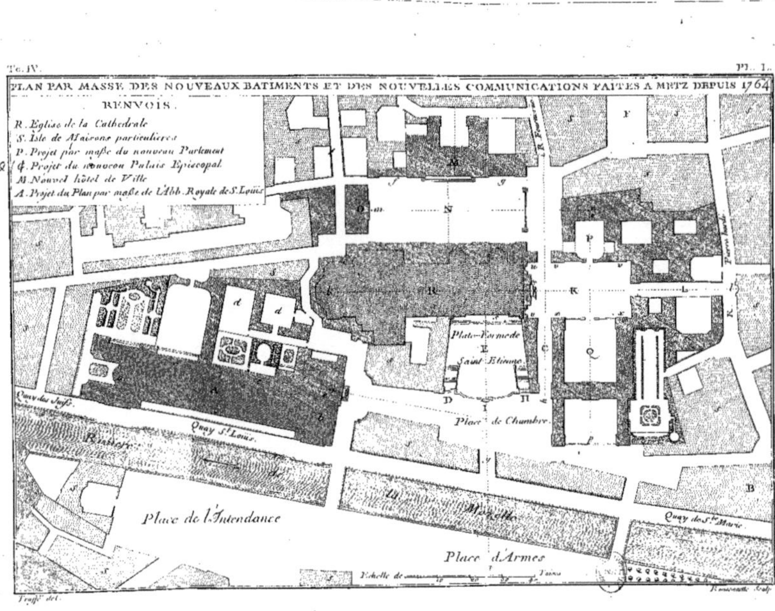

PLAN PAR MASSE DES NOUVEAUX BATIMENTS ET DES NOUVELLES COMMUNICATIONS FAITES A METZ DEPUIS 1764
RENVOIS.
R. Eglise de la Cathedrale
S. Isle de Maisons particulieres
P. Projet par maße du nouveau Parlement
Q. Projet du nouveau Palais Episcopal
M. Nouvel hôtel de Ville
A. Projet du Plan par maße de l'Abb. Royale de S. Louis
Plate-Forme de Saint Etienne
Place de Chambre
Place de l'Intendance
Moselle
Quay des St Marie
Place d'Armes
Quay St Louis
Quay des Juifs
Echelle de
Teuff. del.